Jeff Manion

Zwischenland

Halt finden in Zeiten des Umbruchs

Über den Autor

Jeff Manion ist seit 1983 Pastor der *Ada Bible Church* in Grand Rapids, Michigan. Seine Frau Chris und er haben drei Kinder.

Jeff Manion

Zwischenland

Halt finden in Zeiten des Umbruchs

Aus dem Amerikanischen von Elke Wiemer

GerthMedien

MIX
Papier aus verantwortungsvollen Quellen
FSC® C014496
FSC
www.fsc.org

Verlagsgruppe Random House FSC-DEU-0100
Das für dieses Buch verwendete FSC®-zertifizierte Papier
Munken Premium Cream liefert Arctic Paper Munkedals AB, Schweden.

Die amerikanische Originalausgabe erschien im Verlag Zondervan,
Grand Rapids, Michigan 49530, USA,
unter dem Titel „The Land Between".

1. Auflage 2012
Bestell-Nr. 816 659
ISBN 978-3-86591-659-4

Umschlaggestaltung: Michael Wenserit
Umschlagfoto: Shutterstock/red-feniks
Illustrationen: Daniel Eschner
Satz: Die Feder GmbH, Wetzlar
Druck und Verarbeitung: GGP Media GmbH, Pößneck
Printed in Germany

In Liebe für meine Frau Chris.
Wir sind nun seit dreißig Jahren gemeinsam unterwegs.

Inhalt

Mein Gebet für Sie

Ich bete dafür, dass Gott Ihnen, wenn Sie dieses Buch lesen, seine Gnade für Ihre ganz persönliche Zeit in der Wüste oder auf Ihrem ganz persönlichen Umweg schenkt. Ich bete, dass das dürre Land, das Sie durchqueren, zum fruchtbaren Boden wird, auf dem Neues wachsen kann. Möge unser gnädiger Gott Ihnen wieder Lebensfreude und Lachen schenken. Mögen Sie Gott in Ihrem Schmerz finden und ihm in der Zeit des Wartens vertrauen. Möge der Gott, der die ganze Schöpfung erlösen wird, Ihnen in seiner ganzen Macht begegnen, während Sie durch dieses „Land zwischen Aufbruch und Ankunft" reisen.

Willkommen im Land zwischen Aufbruch und Ankunft

Eines Morgens – es war Ende November und ich war gerade in der siebten Klasse – brach das Unglück über unsere Familie herein und teilte die Zeit für immer in zwei unterschiedliche Abschnitte ein: in die Zeit vor und die Zeit nach jenem tragischen Unfall.

Vor dem Unfall hatten meine Eltern fünfzehn Jahre lang gemeinsam im Südosten von Idaho Gemeinden gegründet. Meine Schwester, die die Älteste von uns war, war damals dreizehn; meine jüngeren Brüder waren neun und vier und der jüngste war noch ein Säugling; ich selbst war zwölf. Wir hatten die Nachricht erhalten, dass unser Großvater väterlicherseits gestorben war, und meine Eltern mussten in aller Eile nach Michigan aufbrechen und die ganze Nacht durchfahren, um rechtzeitig zur Beerdigung dort zu sein. Vier von uns fünf Kindern blieben in Idaho, wo uns unsere Eltern bei verschiedenen Freunden untergebracht hatten. Nur mein zwei Monate alter Bruder Jamie fuhr mit meinen Eltern, weil Mutter ihn noch stillte. Sie hatten vor, zwei Wochen weg zu sein.

Als ich im vergangenen Monat eine große Kiste mit Familienbildern durchforstete, entdeckte ich eine handgeschriebene Notiz meiner Mutter, die nun schon 35 Jahre alt war. Auf dem Blatt standen Anweisungen für diejenigen, die sich um meinen damals neunjährigen Bruder Jon kümmerten, während meine Eltern weg waren. Als ich die Nachricht las, war ich beeindruckt, wie sauber und detailliert Mutter alles aufgeschrieben hatte:

1. *Jon muss montags immer neue Essensmarken kaufen. Sie kosten 2,25 Dollar pro Woche.*
2. *Die Müllabfuhr kommt dienstags.*
3. *Jon muss um neun ins Bett.*
4. *Jons Schulbus kommt um 8:35 Uhr und er kommt gegen 15:45 Uhr wieder nach Hause.*
5. *Frische Bettwäsche ist in der Truhe. Ein paar Bezüge sind auch im Wohnzimmer.*
6. *Die Zeitschaltuhr am Wäschetrockner funktioniert genau andersherum als gewöhnlich. Bei einer großen Wäscheladung auf 10 Minuten stellen, bei einer kleinen auf 50–60 Minuten.*
7. *Dr. Brydon in Poky Pocatello ist unser Hausarzt. Aber wir gehen auch hier in Blackfoot zu Dr. Thurson. Es ist wahrscheinlich einfacher, wenn ihr ihn zu Dr. T. bringt, falls er zum Arzt muss.*
8. *Vielen Dank, dass ihr uns helft. Wir werden wahrscheinlich ein paar Mal anrufen, um zu hören, wie es euch geht. Wir haben vor, am 15. Dezember wieder zurück zu sein. Das ist noch ganz schön lange bis dahin!*

In dieser Nacht kam der Wagen meiner Eltern auf der Interstate 80 in Westnebraska von der Straße ab, überschlug sich mehrmals, als er den Mittelstreifen überquerte, bis er schließlich auf der anderen Seite liegen blieb. Mein Vater und mein kleiner Bruder waren nur leicht verletzt. Mutter war jedoch aus dem Auto geschleudert worden und starb wenige Stunden später im Krankenhaus.

Wir waren nicht darauf vorbereitet, sie zu verlieren. Ich war nicht darauf vorbereitet, sie zu verlieren.

Die Worte „verwirrt“ oder „orientierungslos“ beschreiben nicht einmal annähernd den emotionalen Zustand, in dem sich unsere Familie damals befand. Man hatte uns unser Herz herausgerissen.

Mutter war immer da gewesen, wenn ich nach der Schule zur Haustür hereingestürmt kam. Unser gelbes Haus in der Jewell Street hatte zwei Etagen, sodass die Treppen vom Treppenabsatz aus sowohl nach oben als auch nach unten gingen. Mein tägliches Ritual beim Heimkommen begann damit, dass ich zunächst einmal vom Treppenabsatz lauthals meine Ankunft verkündete. Ich glaube, das tat ich, um herauszufinden, ob Mutter oben oder unten war. Nach dem Unfall führte ich diese Routine aus jahrelanger Gewohnheit fort. Ich stürmte zur Tür herein: „Mama! Ich bin da!“ Aber dann traf mich die Stille wie eine Ohrfeige: *Sie* war nicht da.

Einige Monate nach dem Unfall nahm mein Vater eine Stelle als Dozent und Leiter einer kleinen Bibelschule an und unsere Familie zog nach East Grand Rapids in Michigan. Wir lebten dort in einer betuchten Gegend mit alten Backsteinhäusern, englischem Rasen in den gepflegten Vorgärten und alten Bäumen. Vater fand ein hübsches Haus zu einem günstigen Preis, das nicht weit von seiner neuen Arbeitsstelle entfernt war, und so landeten wir dort. Aber ich hatte irgendwie das Gefühl, nicht dort hinzugehören.

Die Schulzeit kann überall schlimm sein und ich hätte mich überall unwohlfühlen können. Aber hier trat mein Unbehagen besonders deutlich zutage, weil ich ein gesellschaftlicher Analphabet war. Blackfoot in Idaho, wo ich in die Grundschule gegangen war, hatte mich einfach nicht auf das statusbewusste East Grand Rapids vorbereitet.

Was Mode anging, so trug man hier vorzugsweise eine ganz bestimmte Marke von Segelschuhen, von denen ich bis zu meinem Eintritt in die „East Grand Rapids Mittelschule", die anmutig am Reeds Lake lag, noch nicht einmal etwas gehört hatte. Bis Designerjeans der letzte Schrei wurden, waren gerade geschnittene Levis-Jeans angesagt. Ich hingegen war der Junge aus Idaho mit den zu kurzen Wrangler-Jeans und den Freizeitschuhen von *Keds*, der jeden Tag das gleiche Hemd trug.

Schon kurz nach unserem Umzug nach Michigan verlobte Vater sich und heiratete eine junge Sekretärin und ehemalige Studentin der Bibelschule, an der er unterrichtete. Carolyn war einundzwanzig, als sie Mutter von zwei Kindergartenkindern, einem Grundschüler und zwei Teenagern wurde. Sie war einer der freundlichsten Menschen, die ich je kennengelernt habe – fröhlich, fürsorglich und Gottes Geschenk an unsere Familie. Aber es dürfte nicht schwerfallen, sich vorzustellen, dass die Umstellung von „ledige Sekretärin" auf „Ehefrau und Mutter von fünf Kindern" etwas schwierig war.

Während der ganzen Zeit in der achten Klasse versuchte ich, mein inneres Gleichgewicht wiederzufinden. Am Ende der neunten fand ich mich allmählich zurecht. Ich wechselte öfter die Hemden, trug keine Wrangler-Jeans mehr und hatte ein paar Freunde gefunden. Ich hoffte, dass sich jetzt allmählich alles einpendeln würde. Aber am Ende der neunten Klasse erklärte mein Vater uns, dass wir nach Sacramento in Kalifornien ziehen würden. Ich war außer mir vor Wut, denn ich konnte nicht fassen, dass die ganze Prozedur noch einmal von vorne losgehen sollte.

Die Geschwindigkeit, mit der sich die Veränderungen in unserem Leben vollzogen, war überwältigend. Bis zur siebten Klasse hatte ich noch ein sicheres Zuhause in einer Kleinstadt im Mittleren Westen gehabt, wo ich aufgewachsen war und meine Grundschuljahre verlebt hatte. Drei Jahre, eine Beerdigung, eine Hochzeit und zwei Umzüge von einem Ende der Vereinigten Staaten ans andere später begann für mich die zehnte Klasse in Sacramento.

Ich habe oft über diese chaotische Zeit nachgedacht, in der ich mich zutiefst verunsichert fühlte. Und ich habe auch über Gottes Gnade und sein Handeln während dieser schweren Zeit der Umbrüche und Veränderungen nachgedacht. Ich denke, dass ich durch diese Phase ein großes Herz für Menschen bekommen habe, die ähnliche Umbruchsituationen durchleben. Denn ich habe auch das Land zwischen Aufbruch und Ankunft durchquert – die Zeit, in der man sich von dem Gewohnten verabschiedet hat (sich verabschieden musste), das Neue aber noch nicht begonnen hat und man irgendwie „in der Luft hängt".

Das Land zwischen Aufbruch und Ankunft

Tom sitzt in der Stille seines dunklen Wohnzimmers. Es ist schon nach Mitternacht und die Kinder schlafen. Heute war der letzte Tag für den Abschluss eines Kaufvertrags für ein Haus. Und heute wurde der Abschluss annulliert. Er wurde nicht verschoben, sondern ganz abgesagt. Der Vertrag kam nicht zustande. Nun sitzt Tom in der Dunkelheit und wiederholt immer wieder die Zahl, die ihm den Schlaf raubt. *Drei Häuser*, denkt er, *drei Häuser habe ich dieses Jahr verkauft. Noch vor zwei Jahren hatte ich bis zum Jahresende 27 Häuser verkauft, jede zweite Woche eins. Wie lange wird das noch gutgehen? Wie lange können wir die monatlichen Rechnungen noch von unseren Rücklagen bezahlen, die wir eigentlich für die Rente angespart hatten? Soll ich mir einen zweiten Job suchen, bis es wieder besser wird? Was ist, wenn es noch Jahre dauert, bis es wieder besser wird? Ich habe das Gefühl, dass mir das Geld zwischen den Fingern zerrinnt und dass ich die Zukunft plündern muss, um die Gegenwart zu überleben. Und wenn ich meinen Job als Makler an den Nagel hänge, was soll ich dann machen? Welchen Beruf könnte ich dann ausüben?*

„Drei Häuser“, flüstert er.

Das ist das Land zwischen Aufbruch und Ankunft – das Leben ist nicht mehr das, was es einmal war, aber die Zukunft ist noch ungewiss.

Karen tastet verschlafen nach dem Telefonhörer. Die Ziffern auf ihrem Wecker verraten ihr, dass es 3:17 Uhr ist. In den Sekunden, die sie braucht, bis sie ein „Hallo“ herausgebracht hat, überlegt sie blitzschnell: *Sind die Kinder alle zu Hause?* Sie ist wach genug, um zu wissen, dass sich entweder jemand verwählt hat oder dass sie jetzt gleich eine ganz schlechte Nachricht erhalten wird. „Hallo", murmelt sie. Das Zimmer fängt an, sich zu drehen, als sie am anderen Ende die Stimme ihrer Schwester hört. „Karen, es ist ein Unfall passiert."

In dieser Nacht wird Karen aus ihrem ganz normalen Leben zwischen Beruf, Gemeinde und Tennisverein herausgerissen und in ein Leben mit Nachtwachen im Krankenhaus, Besuchen auf der Intensivstation und einer langen Reha versetzt.

Das ist das Land zwischen Aufbruch und Ankunft – alles, was normal war, ist nicht mehr.

Für die meisten Menschen kommt die Reise durch das Land zwischen Aufbruch und Ankunft ganz überraschend, wie bei Karen oder mir selbst. Ein paar Sätze fallen wie eine Bombe in unser Leben:

„Ihre Stelle wurde gestrichen."

„Ich liebe dich nicht mehr."

„Der Tumor ist bösartig."

„Die Gemeindeältesten treffen sich, um einen Misstrauensantrag zu stellen."

„Mama, Papa, ich bin schwanger."

„Ich weiß nicht, ob ich wirklich heiraten soll."

„Papa … ich bin auf der Polizeiwache."

„Deine Mutter und ich, wir werden uns scheiden lassen."

„Wir ziehen um."

„Mutter hatte wahrscheinlich einen Schlaganfall. Kannst du schnell ins Krankenhaus kommen?"

Mit einem einzigen Satz werden wir aus unserem normalen Leben herausgerissen und finden uns in einer ganz neuen Welt wieder, als hätte man uns aus einem fahrenden Zug geworfen. Wir stolpern in die Welt der Arbeitslosigkeit. Wir werden plötzlich in die Welt des Singledaseins geworfen, ins Tal der Trauer, müssen das Vokabular der Chemotherapie lernen oder wöchentliche Besuche im Pflegeheim einplanen. In den Augenblicken, in denen unser Gottvertrauen und unser Glaube stärker sind, wissen wir, dass wir unser inneres Gleichgewicht wiederfinden werden und dass das Leben wieder normal werden wird, aber zunächst einmal sind wir im Land zwischen Aufbruch und Ankunft und finden uns dort so gar nicht zurecht.

Manche Menschen landen ganz plötzlich hier, andere wandern langsam und allmählich hinein, wie Tom, der Makler. Eine Ehe zerbricht langsam und allmählich, bis einer von beiden schließlich geht. Ein Teenager entfernt sich ganz langsam innerlich von seinen Eltern und von Gott. Leitende Angestellte werden entlassen und Vermögenswerte verkauft, wenn die Verkaufszahlen permanent, Quartal für Quartal, sinken, bis die Firma nur noch ein Schatten dessen ist, was sie vor acht Jahren einmal war. Eltern verlieren nach und nach das Gedächtnis und damit auch ihre Selbstständigkeit.

Viele landen nicht durch ein plötzliches, verhängnisvolles Gespräch in diesem Land, sondern ganz allmählich, mit der Zeit. Aber ganz gleich, ob wir nun plötzlich aus unserem gewohnten Leben herausgerissen werden und im Land zwischen Aufbruch und Ankunft landen oder allmählich hineinwandern – die Landschaft ist dieselbe.

Ada Bible Church

Über 25 Jahre lang durfte ich Pastor der *Ada Bible Church* in Grand Rapids, Michigan, sein. Ich denke, dass es meine größte Begabung ist, aber vor allem macht es mir auch sehr viel Freude, mich intensiv mit der Bibel auseinanderzusetzen und die Geschichte von Gottes Reise mit seinem Volk und seinen Kindern anderen so zu präsentieren, dass es hoffentlich lebensverändernde Auswirkungen hat. Wenn ich Woche für Woche vor der Gemeinde stehe und die Bibel aufschlage, ist mir oft bewusst, dass die Gottesdienstbesucher innerlich vielleicht ganz durcheinander sind. Jede Woche habe ich das unaussprechliche Vorrecht, Gottes Geschichte denen nahezubringen, die vor Kurzem entlassen wurden, die erfahren haben, dass sie todkrank sind oder dass ihr Sohn im Gefängnis sitzt, oder die sich Kinder wünschen, aber keine bekommen können. So unglaublich es ist, aber Gottes Auftrag für mich besteht darin, denen von Gottes Gnade zu erzählen, deren Verlobung gelöst wurde oder denen es einfach nicht gelingt, ihr Haus zu verkaufen. Ich soll denen Hoffnung predigen, die vielleicht gerade ihren Mann, ihre Frau, ihren Bruder, ihre Schwester oder ihr Kind zu Grabe getragen haben.

Ich bin fest davon überzeugt, dass das Land zwischen Aufbruch und Ankunft – das Land, in dem wir uns verloren, einsam und zutiefst verletzt fühlen – der fruchtbarste Boden für geistliches Wachstum ist und dass Gottes Gnade sich gerade dort auf wunderbare Weise zeigen kann. Aber ich bringe nicht nur die Botschaft von Gottes Gnade, sondern habe auch das Vorrecht, Gottes Kinder herauszufordern, ein heiliges Leben zu führen. Das Land zwischen Aufbruch und Ankunft ist zwar der beste Ort für geistliches Wachstum, aber es ist auch der Ort, an dem wir grollen, bitter und sarkastisch werden können, wenn wir nicht genau aufpassen, wie wir auf diese Erfahrung reagieren. Die Wildnis, in der der Glaube aufblühen kann, ist die gleiche Wildnis, in der er auch vertrocknen und absterben kann, wenn wir nicht aufpassen.

Das kann man am Bericht über die Wanderung des Volkes Israel durch die Wildnis am deutlichsten sehen. Die Wüstenwanderung begann, nachdem die Nachkommen Jakobs aus der Sklaverei in Ägypten befreit worden waren und bevor sie das verheißene Land erreichten. Die Geschichte steht ziemlich am Anfang der Bibel und hält die ersten unsicheren Schritte der Israeliten als eigenständiges Volk fest. Wir werden in den nächsten Kapiteln ihre schmerzlichen Reaktionen auf die Lebensbedingungen in der Wüste sehen und daraus lernen, welche ganz besonderen Herausforderungen, Versuchungen und Chancen solche Zeiten im Land zwischen Aufbruch und Ankunft mit sich bringen. Während wir uns diese Geschichte der Wüstenwanderung gemeinsam ansehen, werde ich auch auf andere Bibelstellen hinweisen, in denen man zusätzliche Wegweisung für den Marsch durch unerwünschte Umbruchsituationen finden kann.

Die dramatischen Ereignisse, die sich hier vor unseren Augen entfalten, beinhalten einen Anführer, der kurz vor einem emotionalen Zusammenbruch steht, ein verbittertes Volk, das entmutigt klagt, und Gottes liebevolle Fürsorge für die einen und seine strenge Bestrafung – die gleichzeitig auch ein Zeichen seiner Gnade ist, wie wir sehen werden – für die anderen. Diese Geschichte will uns ermutigen, aber auch warnen, trösten, aber auch zurechtweisen. Ich hoffe sehr, dass die Beschäftigung mit diesem Bericht in uns den Wunsch weckt, einen tieferen Glauben zu entwickeln, einen Glauben, der es wert ist, gelebt zu werden.

Dieses Buch soll keine Bedienungsanleitung dafür sein, wie man möglichst schnell einen Ausweg aus dem Land zwischen Aufbruch und Ankunft findet. Sie werden keine Tipps finden, wie Sie den richtigen Beruf oder einen Arbeitsplatz finden oder auch, wie Sie Ihre Schulden loswerden. Ich werde Ihnen keinen Rat geben, wie Sie Ihre rebellischen Teenager wieder auf den rechten Weg bringen oder das Verhalten Ihres Ehepartners ändern können. Betrachten Sie mich vielmehr als Ihren Wanderführer durch das Land zwischen Aufbruch und Ankunft, der Ihnen die örtlichen Gegebenheiten erklärt, damit Sie besser durch die Wüste kommen und hinterher einen tieferen, stärkeren Glauben haben. Ich möchte hier die ganz besonderen Herausforderungen und Chancen beschreiben, die das Leben in der Wüste mit sich bringt. So werden wir uns unterwegs mit einigen sehr schwierigen Fragen beschäftigen wie: Ist es möglich, einen so lebendigen Glauben zu haben, einen Glauben, der uns dazu bringt, unser Bestes zu geben, wenn die Umstände denkbar ungünstig sind? Kann man aus tiefer Enttäuschung, heillosem Durcheinander oder lähmendem Schmerz gestärkt hervorgehen?

Eine gewisse Zeit im Land zwischen Aufbruch und Ankunft zu verbringen kann eine zutiefst verwirrende Erfahrung sein. Aber Gott kann währenddessen auch in unserem Innersten am Werk sein. Viele erfahrene geistliche Ratgeber legen nahe, dass nur so tiefgreifende Veränderung und Wachstum stattfinden können. Gott möchte, dass wir aus diesen Zeiten von Grund auf verändert hervorgehen. Aber dieses Wachstum wird sich nicht automatisch vollziehen. Unser Verhalten in diesem Land zwischen Aufbruch und Ankunft bestimmt, ob wir in dieser Phase wachsen und uns positiv entwickeln oder ob unser Glaube verkümmert. Wenn wir Schmerz und Unglück erleben, zitieren wir oft ein bekanntes Sprichwort: „Die Zeit heilt alle Wunden." Ich glaube nicht, dass das zwangsläufig der Fall ist. Bei manchen Menschen heilen die Wunden mit der Zeit, während andere hart und zutiefst verbittert werden. Unser Aufenthalt im Land zwischen Aufbruch und Ankunft zwingt uns, uns für das eine oder das andere zu entscheiden. Manchmal sind die Umstände so schwierig, dass es kaum Entscheidungsspielraum zu geben scheint. Obwohl das Land zwischen Aufbruch und Ankunft uns beste Wachstumsbedingungen für unseren Glauben bietet, kann unser Glaube dort auch verkümmern – wenn wir es zulassen. Die Gewohnheiten, die wir uns in diesen Wüstenzeiten aneignen – unsere inneren Reaktionen –, entscheiden darüber, ob in der Wildnis neues Leben entsteht oder ob sie den Tod bringt. Wir haben die Wahl.

Teil 1

Klagen

Kapitel 1

Ich hab's satt

Ein Hirte namens Mose weidet seine Herde, als er sich umsieht und plötzlich einen lichterloh brennenden Busch bemerkt, der aber nicht *ver*brennt. Mose ist inzwischen schon ein alter Mann. Er ist als Jude am Hof des Pharao aufgewachsen und tief hinein in die Wüste geflohen, nachdem er einen Ägypter umgebracht hat, der einen seiner Landsleute misshandelt hatte. Das ist nun schon vierzig Jahre her. Seither weidet er die Herden seines Schwiegervaters in der Wüste. Er kennt die Gegend, vielleicht sogar besser, als ihm lieb ist. Aber hier bietet sich ihm ein höchst seltsamer Anblick: ein Busch, der in Flammen steht, aber nicht verbrennt. Er schaut genauer hin und bedeckt dann sein Gesicht, als er Gott sagen hört: „Ich bin der Gott Abrahams. Ich bin der Gott Isaaks. Ich bin der Gott Jakobs. Ich habe sie erwählt, berufen und für sie gesorgt. Und jetzt erwähle und berufe ich dich und werde für dich sorgen" (nachzulesen in 2. Mose 3).

Gott verrät Mose seinen Plan: Er möchte, dass Mose die Kinder der Verheißung aus dem Land befreit, in dem sie seit Generationen als Sklaven leben. Gott sagt: „Darum bin ich gekommen, um sie aus der Gewalt der Ägypter zu retten. Ich will sie aus diesem Land herausführen und in ein gutes, großes Land bringen, in dem Milch und Honig fließen" (2. Mose 3,8).

Nachdem sie Generationen lang in Ägypten Sklaven gewesen waren, werden die Söhne und Töchter Abrahams nach Kanaan ziehen, in das Land, das ihren Vorfahren versprochen wurde. Mose, der seinen Auftrag als Anführer nur widerwillig annimmt, soll sie aus Ägypten hinausführen, und Gott sagt: „Ich will sie aus Ägypten herausführen und in ein gutes, großes Land bringen." „Aus" der Sklaverei und „in" das verheißene Land klingt zwar nur nach einer kurzen Reise, aber es wird tatsächlich nichts darüber gesagt, wie lange das Volk in der Wildnis unterwegs sein wird – oder um es mit anderen Worten zu sagen: im Land zwischen Aufbruch (in etwas Vertrautem) und Ankunft (dem Neuen).

Eine notwendige Übergangszeit

Zwischen Ägypten und Kanaan liegt eine unfruchtbare Wüstenlandschaft, in der die Israeliten einige Zeit zubringen sollten, bevor sie in ihre neue Heimat kamen. In dieser Wildnis bekamen sie die Zehn Gebote, den Kern ihres Bündnisses mit Gott. Und in dieser Wildnis wurde auch das tragbare Zelt für die Anbetung Gottes gebaut, die Stiftshütte. Die Wüste war aber nicht ihr endgültiger Bestimmungsort, sondern eine notwendige Übergangszeit, in der sie zusammenwachsen sollten und in der ihre Beziehung zu Gott gefestigt werden sollte.

Aber die Wildnis ist natürlich ein unwirtlicher Ort. Ägypten war zwar der Ort der Unterdrückung, des Leides und der

Qualen, aber es war auch ein üppig blühendes Land. Das Wasser des Nils sorgte dafür, dass Ägypten ein in landwirtschaftlicher Hinsicht fruchtbares Land war. Auch Kanaan, die zukünftige Heimat der Israeliten, war für seinen Wohlstand bekannt. Gott selbst beschrieb es als „ein Land, in dem Milch und Honig fließen". Aber auf dem Weg von dem fruchtbaren und blühenden Land seiner Vergangenheit in das fruchtbare und blühende Land seiner Zukunft musste das Volk Israel durch die Wüste. Die Menschen steckten in der Wüste fest, an diesem unerwünschten Ort, mitten zwischen den beiden viel wünschenswerteren Orten.

Diese Übergangszeit – das Land zwischen Aufbruch und Ankunft – steht für alle unerwünschten Umbrüche in unserem Leben.

Für die Israeliten sollte der Aufenthalt in diesem unfruchtbaren Land aber keine unfruchtbare Zeit sein. Das Land zwischen Aufbruch und Ankunft sollte eine entscheidende Rolle dabei spielen, sie zu einem Volk zu formen – hier sollten sie von einem Volk von Sklaven zu Gottes Volk werden. Und diese Veränderung hatten sie dringend nötig. Wir müssen bedenken, dass die Israeliten, als sie aus Ägypten wegzogen, viel mehr von der Welt der ägyptischen Götter beeinflusst waren als vom Wesen und der Gegenwart des Gottes Abrahams. Wenn wir über den Auszug aus Ägypten nachdenken, dann dürfen wir uns keine gut organisierte Menge aus erfahrenen Gläubigen vorstellen. Die Israeliten waren vielmehr ein chaotischer Haufen erst kürzlich befreiter Sklaven, die sich häufig beklagten, sich oft gegen Moses Führung auflehnten und trotz der Sklaverei am liebsten wieder nach Ägypten zurückgekehrt wären. Die Israeliten mussten sich in der Wüste dringend geistlich verändern, um Gottes Volk zu werden. In ihrer gegenwärtigen Verfassung kannten sie ihren Gott noch nicht und waren noch nicht bereit, in das verheißene Land einzuziehen. Die Wüstenzeit sollte sie läutern und zu einem Volk zusammenschmieden, das seinem Gott vertraute. Leider war diese Zeit in der Wüste nicht gerade ihre Sternstunde.

Und so stellt sich die Frage, ob unsere ganz persönliche Zeit im Land zwischen Aufbruch und Ankunft wohl unsere Sternstunde wird.

Wenn einem das Manna zum Hals raushängt

Durch die Ereignisse beim Auszug aus Ägypten und während der Wüstenwanderung will Gott sich selbst dem Volk zeigen und ihm seine Gegenwart und sein Wesen offenbaren. Er beweist seine Macht durch die Plagen, die er über Ägypten kommen lässt und die schließlich zum Auszug der Israeliten führen – zu ihrer Befreiung aus der Sklaverei. Durch ein Wunder versorgt er sie in der Wüste mit Wasser und zeigt ihnen seine Fürsorge, indem er sie täglich mit Nahrung versorgt, dem „Manna". Es ist, als wolle er sagen: „Ich werde euer Gott sein und ihr werdet mein Volk sein. Beobachtet mich, lernt mich kennen und lernt, mir zu vertrauen."

Die Israeliten haben – milde ausgedrückt – so ihre Probleme damit, Gott zu vertrauen, und so wird das Manna, das er ihnen zu essen gibt, mit der Zeit zu einer widerlichen Qual.

Das Volk hat es satt, Monat für Monat die gleiche eintönige Nahrung zu sich zu nehmen.

Was war eigentlich dieses Manna? Das hebräische Wort *manna* bedeutet „Was ist das?“, denn genau das war die Frage, die sich die Israeliten stellten, als das Manna zum ersten Mal mit dem Morgentau am Boden lag. In 4. Mose 11, Verse 7 bis 9 heißt es: „Das Manna bestand aus kleinen Körnern, ähnlich dem Koriandersamen, und war durchsichtig wie Bedellion-Harz. Jede Nacht fiel es mit dem Tau auf das Lager. Die Israeliten sammelten es ein und zerkleinerten es mit Handmühlen oder Mörsern. Sie kochten es oder backten Fladenbrot davon, das wie Ölkuchen schmeckte.“

Die Israeliten sammelten also die Körner morgens ein, mahlten sie oder zerstießen sie in Mörsern und kochten die breiige Masse dann. Ich stelle mir dabei immer so etwas Ähnliches wie Haferbrei vor. Vielleicht liege ich damit ganz falsch, aber dieses Bild habe ich seit meiner Kindheit vor Augen, wenn ich die Bibelstelle lese. Was die Beschaffenheit angeht, so klingt Mannakuchen in meinen Ohren besser, aber ich würde ihn auch nicht bei jeder einzelnen Mahlzeit essen wollen. In 2. Mose 16, Vers 31 wird der Geschmack dieser Kuchen mit Honigkuchen verglichen, was ziemlich appetitanregend klingt. Auf die Dauer schien das Problem aber weniger der Geschmack zu sein als vielmehr die Häufigkeit, mit der das Volk das Manna essen musste. Die Israeliten waren jetzt schon fast zwei Jahre in der Wüste unterwegs. Gott versorgte sie mit Manna, aber jeden Tag morgens, mittags und abends Manna zu essen wurde ausgesprochen schnell langweilig.

Hören Sie sich einmal die Wellen der Empörung an, als sich die Enttäuschung im Lager von Zelt zu Zelt und von Familie zu Familie immer mehr ausbreitet: „Niemand gibt uns Fleisch zu essen! In Ägypten war das anders! Da bekamen wir umsonst so viel Fisch, wie wir wollten, da gab es Gurken, Melonen, Lauch, Zwiebeln und Knoblauch. Aber hier haben wir nichts. Wir hungern! Alles, was es hier gibt, ist dieses Manna!" (4. Mose 11,4–6). Hören Sie, wie sehr sich die Israeliten nach dem Essen in Ägypten sehnten? Doch hier geht es um mehr als nur um Nahrung. Natürlich hängt ihnen das Manna zum Hals heraus, aber sie sind auch wütend und verbittert, weil das Leben in diesem Land zwischen Aufbruch und Ankunft ziemlich mühsam ist.

Und was kommt dann? Was macht das Volk, nachdem es Gottes mächtiges Eingreifen durch die Plagen in Ägypten, die Teilung des Roten Meeres, die Errettung vor der Armee des Pharao und die Versorgung mit Wasser mitten in der Wüste erlebt hat? Nicht das, was man vielleicht denken mag. Die Israeliten jammern nur herum, verachten Gottes Fürsorge und weisen seine Güte zurück. Sie sehnen sich sogar nach Ägypten, wo sie doch Sklaven waren!

Es ist leicht, jetzt mit dem Finger auf die Israeliten zu zeigen. Ihre Haltung Gott gegenüber ist ziemlich hässlich und undankbar. Aber denken wir einmal über unsere eigene Reaktion nach. Auch wir reagieren gelegentlich sehr unfreundlich auf Gottes Versorgung. Ich wage einmal zu behaupten, dass den meisten von uns das Jammern durchaus vertraut ist. Wenn wir jedoch davon lesen, ist das etwas anderes. Wenn wir in der Bibel von einer Rebellion gegen Gott lesen, so wie hier, dann stellen wir uns schnell *über* die betreffenden Menschen und halten uns für besser. Wir denken: *Dieses Volk ist doch dumm. So würde ich niemals reagieren.*

Versuchen Sie beim Lesen dieses Buches einmal, eine andere Haltung einzunehmen. Stellen Sie sich einmal mitten *unter* das Volk und gestehen Sie sich ein: „Unter den entsprechenden Umständen hätte ich vielleicht auch gejammert." Wenn wir etwas aus den Erfahrungen der Israeliten lernen wollen, muss uns im Vorfeld klar sein, dass wir die gleichen Schwächen haben, genauso versagen können und mit den gleichen Versuchungen konfrontiert sind. Wenn wir uns also zum Positiven verändern und geistlich wachsen wollen, müssen wir uns *mit* den Personen in der Geschichte identifizieren, anstatt uns *über* sie zu stellen, auch wenn sie sich falsch verhalten. Also: An welchen Punkten können Sie sich mit dem Gejammer der Israeliten identifizieren? Wann hatten Sie zuletzt von etwas die Nase voll?

Ein Experiment

Ich musste mich noch nie über einen längeren Zeitraum sehr einseitig ernähren. Also beschloss ich vor einigen Jahren, als ich eine Predigt über die Israeliten und das Manna vorbereitete, es einmal selbst auszuprobieren. Es war nichts Heldenhaftes; ich machte mich sozusagen in die Wüste auf und ernährte mich nur von einer einzigen Sache. Ich hatte mir vorgenommen, mich von Dienstagmorgen bis Freitagabend nur von Schokoladenmüsliriegeln zu ernähren. Insgeheim dachte ich, dass das ein genialer Einfall sei. Ich würde den Bibeltext ganz hautnah erleben, und das würde mir ganz neue Erkenntnisse und Kraft für die Predigt geben.

Hier sind meine Aufzeichnungen dieser Tage:

Tag 1: Dienstag

Schokoladenmüsliriegel zum Frühstück. Ich frühstücke ohnehin nie viel, sodass es keine große Umstellung ist.

Schokoladenmüsliriegel zum Mittagessen. Kein Problem. Das Experiment hatte begonnen.

Schokoladenmüsliriegel zum Abendessen. Meine Frau Chris und meine Tochter Sara hatten gekocht. Der Duft der asiatischen Gemüsepfanne zog durchs Haus. Brav schnitt ich meinen Müsliriegel in fünf Stücke, richtete sie hübsch auf meinem Teller an und setzte mich an den Tisch. Das sollte kein Problem sein, schließlich war ich ein disziplinierter Mensch.

Tag 2: Mittwoch

Schokoladenmüsliriegel zum Frühstück.

Zur Mittagszeit kam ich zu unserem wöchentlichen Treffen mit den leitenden Mitarbeitern in die Gemeinde. Wir hatten uns angewöhnt, unser Mittagessen mitzubringen und gemeinsam zu essen, bevor wir mit der Besprechung anfingen. Als ich das Besprechungszimmer betrat, spürte ich die Gegenwart einer starken Macht: Pizza. Vom Tisch aus lachten mich Pizzaschachteln mit den Überresten vom Treffen vor uns an. „Bedient euch", bot uns jemand an. Ich lehnte fröhlich lächelnd ab und begutachtete die Schachteln und ihren Inhalt: Pilze, Schinken, Salami.

An diesem Abend kam ich zum „Abendessen“ nach Hause und war froh, dass das Haus leer war. Wenigstens wurde meine Entschlossenheit heute nicht durch ein Familienmahl auf die Probe gestellt. Ich knabberte an meinem Schokoladenmüsliriegel und setzte mich, um die Zeitung zu lesen. Ein Werbeflyer von einem mexikanischen Schnellrestaurant fiel heraus. Ich hob den bunten Zettel auf und betrachtete das Bild auf dem Gutschein. Ich begann zu fantasieren.

Tag 3: Donnerstag

Schokoladenmüsliriegel zum Frühstück und zum Mittagessen.

Als ich nach dem Joggen mittags wieder ins Büro fuhr, verfolgte mich der Duft aus dem chinesischen Schnellrestaurant in der Cascade Road.

Am Abend hatten die Kinder Freunde zu Besuch und es gab Abendessen auf der Veranda. Ein leckerer Nudelsalat stand auf dem Tisch und Frikadellen und Bratwürste brutzelten auf dem Grill. Umgeben von der Auswahl von all diesen Dingen mit unterschiedlicher Konsistenz und verschiedenen Gerüchen, die mich quälten, packte ich meine unappetitliche Mahlzeit aus dem widerlichen Papier aus. Ich fing an, an meinem Experiment zu zweifeln. Mit einem Teller voll wunderbarem Essen vor sich fing Sara, die sich an meinen Qualen ergötzte, an zu sticheln: „Komm schon, Papa, iss mit uns. Du kannst doch der Gemeinde einfach erzählen, dass du es nach drei Tagen nicht mehr ausgehalten hast.“ Ich flüsterte meiner heiß geliebten ältesten Tochter ins Ohr: „Weiche von mir, Satan!“

Tag 4: Freitag

Freitag würde leicht werden, weil ich wusste, dass ich es fast geschafft hatte. An diesem Abend würde das Experiment zu Ende sein. Zum Frühstück zerbröselte ich zwei ekelerregende Schokoladenmüsliriegel in einer Schüssel und übergoss sie mit warmer Milch, damit sie dachten, sie seien Müsli.

Zum Mittagessen öffnete ich den letzten miesen Schokoladenmüsliriegel und würgte ihn hinunter.

Nachdem ich mein Wüsten-Experiment vier Tage lang erduldet hatte, genossen Chris und ich am Freitagabend ein himmlisches Picknick an einem Bach in der Nähe unseres Hauses. Wir verschlangen Salzcracker, ausländischen Käse und dünn geschnittene Salami. Ich wünschte, ich könnte jetzt schreiben, dass diese erste Mahlzeit nach den Müsliriegeln die köstlichste meines Lebens gewesen sei. Aber um ehrlich zu sein war diese Mahlzeit nicht so gut, wie jeder weitere Schokoladenmüsliriegel widerlich gewesen wäre. Ich habe nie wieder auch nur einen Riegel gegessen.

Sie denken jetzt vielleicht, dass die Israeliten in der Wüste wenigstens nicht mit dem Duft von asiatischen Gemüsepfannen oder dem Geräusch von brutzelnden Frikadellen zu kämpfen haben. Glücklicherweise müssen sie nicht mit ansehen, wie ihre Nachbarn ofenfrische Pizza geliefert bekommen, während sie ihren Kindern schon wieder gekochten Mannabrei vorsetzen. Aber diese ehemaligen Sklaven haben noch ihre Erinnerungen – Erinnerungen an das Essen, das es im fruchtbaren Nildelta im Überfluss gibt. Diese Erinnerungen tauchen in ihren Klagen in einer langen Liste von Nahrungsmitteln auf, die es dort reichlich gab: „Da bekamen wir umsonst so viel Fisch, wie wir wollten, da gab es Gurken, Melonen, Lauch, Zwiebeln und Knoblauch“ (4. Mose 11,5).

Vor ihrem inneren Auge steigen Bilder von vergangenen Mahlzeiten auf, und während die einzelnen Zutaten in Gedanken vor ihnen aufmarschieren, werden Erinnerungen an den Geschmack, den Duft und die Konsistenz, vor allem aber an die Vielfalt wach. „Alles, was es hier gibt, ist dieses Manna!“, klagen sie. Mahlzeit für Mahlzeit der gleiche eintönige Geschmack. Ob gekocht, gebraten oder gebacken – das Essen macht keinen Spaß mehr.

Während meines viertägigen Experiments habe ich einiges über mein Verhältnis zu Nahrungsmitteln gelernt. Ich habe entdeckt, dass ich sehr gern frage: „Was gibt es zum Essen?“, wenn ich damit rechne, dass die Antwort einen gewissen Überraschungseffekt birgt. Während meines Müsliriegel-Experiments verlor ich die Vorfreude auf Mahlzeiten. Ich hörte auch auf, mit Genuss zu essen. Wenn ich Hunger hatte, aß ich, aber ich hatte jede Freude am Essen verloren. Ich bekam ein ganz neues Verständnis für das Jammern der Israeliten: „Aber jetzt haben wir alle Lust am Essen verloren, wo wir nichts außer diesem Manna zu sehen bekommen!“ (4. Mose 11,6; NL).

Ich habe es satt!

Werfen wir noch einmal einen Blick auf unser eigenes Leben. Was ermüdet Sie auf Ihrer persönlichen Wanderung durch das Land zwischen Aufbruch und Ankunft? Was nimmt Ihnen die Energie und die Lebensfreude? Denken Sie an die frustrierten Klagen, die sich immer weiter von Zelt zu Zelt ausbreiteten. Wäre es möglich, dass Sie selbst in den Chor der Unzufriedenen mit einstimmen, während Sie die Stimmen derer, die rufen: „Wir haben es satt!", immer lauter hören? „Ich habe es satt!" Sie haben Ihre Situation satt, und die Tatsache, dass Sie im Land zwischen Aufbruch und Ankunft feststecken, hängt Ihnen zum Hals heraus. Wäre es möglich, dass die Frustration allmählich in Unzufriedenheit umschlägt und sich in Ihrem Herzen festsetzt?

„Ich habe es satt, bei meinen Schwiegereltern zu wohnen."

„Ich habe es satt, dass man mich ständig fragt, was ich beruflich mache, und dass ich dann verlegen rumstottere."

„Ich habe diese ganzen Untersuchungen satt, bei denen ja doch keine vernünftige Diagnose herauskommt."

„Ich habe es satt, darauf zu warten, dass diese Depression verschwindet."

„Ich habe es satt, dass meine Mutter mich jedes Mal fragt, wer ich bin, wenn ich sie im Altersheim besuche."

„Ich habe dieses Manna satt!"

Wir denken vielleicht, dass in der Wüste nichts wächst. Aber täuschen Sie sich da nicht: Das Land zwischen Aufbruch und Ankunft bietet fruchtbaren Boden für Unzufriedenheit. Auf den ersten Blick scheint es kein großes Verbrechen zu sein, ein wenig herumzujammern – eher so was wie eine Ordnungswidrigkeit. Aber wenn wir uns ein wenig weiter mit der Geschichte der Israeliten beschäftigen, merken wir, dass Gott das Klagen sehr ernst nimmt. Für Gott bedeutet das Klagen der Israeliten, dass sie ihn ablehnen. Er sagt: „Denn ihr habt den Herrn, der mitten unter euch wohnt, verachtet und ihm bittere Vorwürfe gemacht, weil er euch aus Ägypten befreit hat“ (Vers 20).

Gottes Einschätzung der Situation ist ein wichtiger Punkt in dieser Geschichte. Offensichtlich beklagten sich die Israeliten nicht nur über das Essen: Sie beschwerten sich auch über Gott. Sie lehnten nicht nur das Essen ab, sie lehnten auch Gott ab. Die Klage über das Essen in Verbindung mit ihrer Sehnsucht nach Ägypten bedeutet so viel wie: „Gott, in Ägypten ist es uns besser gegangen. *Ohne dich* ist es uns besser gegangen.“ Ihre Klagen grenzten an universellen Hochverrat.

Die Lage war in der Tat sehr ernst. Jakobs Söhne und Töchter beweisen einen erschreckenden Mangel an Vertrauen. Und das nach allem, was Gott für sie getan hat! Und schon wieder laufen wir Gefahr, die Israeliten zu verdammen. Aber wenn wir wollen, dass Gottes Wort seine lebensverändernde Kraft bei uns entfaltet, müssen wir genauer hinschauen und uns selbstkritisch fragen: „Wo beklage ich mich? Wo neige ich zu Bitterkeit und Unzufriedenheit? Laufe ich bei all meinem Klagen Gefahr zu sagen: ‚Ohne dich ging es mir besser, Gott‘?“

Wir werden noch sehen, dass es einen Unterschied gibt zwischen „sich beklagen“ und „seine Gefühle Gott gegenüber ehrlich zum Ausdruck bringen“. Gott will, dass wir ehrlich zu ihm sind. Gott gegenüber ehrlich zu sein ist hilfreich und heilend. Aber der Grat zwischen „ehrlich sein" und „sich beklagen" ist sehr schmal. Es muss uns bewusst sein, dass unsere Seelen sehr verletzlich sind, wenn wir gerade das Land zwischen Aufbruch und Ankunft durchqueren. Dieser Ort bietet uns vielleicht die größte Chance, uns geistlich weiterzuentwickeln, aber er birgt auch die Gefahr, bitter zu werden – und dann verkümmert der Glaube.

Kapitel 2

Wiederholungstäter

Wir wollten uns um 22:00 Uhr im „Denny's" treffen, wo wir hofften, ein stilles Eckchen zu finden, um ein sehr persönliches Gespräch führen zu können. Als ich kam, hatte Tony schon eine Nische für uns ergattert und klammerte sich an eine Kaffeetasse. Seine Frau – in Kürze seine Exfrau – war ausgezogen und hatte erklärt, dass sie kein Beratungsgespräch und keine Versöhnung wollte. Sie war zu dem Mann gezogen, der ihr Herz erobert hatte. Es schien, als sei das einzig noch mögliche Gesprächsthema, wer was bekommen sollte.

Tony war schnell klar geworden, dass er mit nur einem Einkommen die Raten für ihr – sein – Haus nicht mehr zahlen konnte und sich bald nach einer Wohnung umsehen musste. Verbittert erzählte er von den düsteren Aussichten, angesichts dieser schlechten Wirtschaftslage ein Haus zu verkaufen und dass er wohl mit dem Preis weit runtergehen müsse. Er war sich sicher, dass er das, was er in den vergangenen Jahren hineingesteckt hatte, nicht herausbekommen würde. Zunächst einmal ging es in der Auseinandersetzung darum, wer das neuere Auto bekam und wer die Klapperkiste fahren musste. Der Streit ging weiter bei den Haushaltsgeräten – und zwar nicht nur darum, wer die Waschmaschine und den

Wäschetrockner bekam, sondern sie stritten sich auch um solche Kleinigkeiten wie den Toaster und den Mixer.

Ich fand es tragischer, dass Tony seine Frau verlor, aber stattdessen saßen wir bei „Denny's" und sprachen darüber, dass er den Toaster verlor. Während er mir von der Aufteilung des Haushaltes erzählte, wurde er immer erregter und seine Stimme immer lauter. Die Gäste an den Nachbartischen begannen, sich nervös zu uns umzudrehen. Ich merkte, wie seine tiefe Enttäuschung sich allmählich in kochende Wut verwandelte. Zum Teil fand ich das verständlich und entschuldbar. Aber während er seinem Ärger Luft machte, spürte ich, wie tief in ihm auch Bitterkeit aufkam.

Als Tony mir so gegenübersaß, musste ich daran denken, dass in fünfzehn Jahren keiner von beiden mehr eines der beiden Autos fahren würde. Beide Wagen wären dann schon auf irgendeinem Schrottplatz gelandet. Die Waschmaschine und der Wäschetrockner wären bis dahin hinüber und der Toaster mit seiner viel kürzeren Lebenserwartung wäre bereits lange kaputt. Aber die Entscheidung, die Tony in diesem leidvollen Augenblick in seinem Herzen traf, konnte sein Leben auch in fünfzehn Jahren noch beeinflussen. Natürlich würde er Phasen emotionalen Aufruhrs und Trauer durchmachen, während er das Gefühl des Verratenseins, den Schmerz und den Verlust verarbeitete. Aber solche Einstellungen und Reaktionsmuster können sich in diesen schweren Zeiten – in unserem ganz persönlichen Land zwischen Aufbruch und Ankunft – auch in uns festsetzen. Während wir am späten Abend in einem halb leeren Restaurant saßen, wurde mir klar, dass Tony jetzt entscheiden musste, welche Art Mensch er werden wollte. Ich war erschüttert, als ich feststellte, dass seine *Reaktion* auf die Scheidung sein Leben tiefgreifender beeinflussen würde als die Scheidung selbst.

Auf unserem Weg durch das Land zwischen Aufbruch und Ankunft müssen wir uns unbedingt bewusst machen, dass wir nicht nur durch das Leid, sondern auch durch unsere Reaktion auf das Leid geprägt werden. Unsere Reaktion auf jede Unannehmlichkeit zeigt nicht nur, wer wir sind, sondern stellt auch die Weichen dafür, wer wir einmal sein werden. Ob wir mit Haltung und Würde alt werden oder verbittert und hart werden, hängt zum größten Teil von unserer Reaktion auf Enttäuschungen ab und den *Verhaltensmustern*, die wir oft daraus entwickeln.

Murren

Auf ihrem Weg durch die Wüste legen die Israeliten eine tief verwurzelte, gewohnheitsmäßige Reaktion auf Schwierigkeiten an den Tag: Das Volk „murrt" immer wieder, wenn es mit einer schwierigen Situation konfrontiert ist.

Es ist wichtig zu wissen, dass die Klagen über das Manna nicht das erste Mal sind, dass das Volk so auf Probleme reagiert hat. Sie sind schon seit fast zwei Jahren in der Wüste unterwegs und haben sich bei den unterschiedlichsten Gelegenheiten immer wieder beklagt. Vom ersten Schritt ihrer Reise an ist das Murren kennzeichnend für ihre Beziehung zu Gott.

Obwohl es noch relativ harmlos erscheint, dass die Israeliten sich ständig beklagen (sie könnten ja auch noch extremer reagieren), können die sich aufstauenden Auswirkungen doch sehr tragisch sein.

Weil sie sich für das Klagen entscheiden, verpassen die Israeliten die Möglichkeit, ein Volk des Glaubens zu werden. Bei jeder neuen Schwierigkeit flüstert Gott ihnen zu: „Werdet ihr mir vertrauen?“, und mit jeder Klage schreit das Volk: „Nein, werden wir nicht!“

Schauen wir uns einmal drei frühere Ereignisse auf dem Weg durch die Wüste an, die diese tief verwurzelte Gewohnheit des Volkes illustrieren und gleichzeitig den Hintergrund bilden, vor dem die Geschichte mit dem Manna sich ereignet. Jedes dieser Ereignisse läuft nach dem gleichen Schema ab: Es gibt Schwierigkeiten, das Volk fängt an zu jammern, und schließlich hilft Gott ihm.

Wasser (2. Mose 15)

Unmittelbar nach dem dramatischen Auszug der Israeliten aus Ägypten erleben sie eine Wasser-Krise. Seit drei schrecklich heißen, durstigen Tagen sind sie unterwegs und können kein Wasser finden, sodass die Lage lebensgefährlich wird.

Als sie schließlich Wasser entdecken, verwandelt sich ihre Erleichterung schnell in Verzweiflung, als sie feststellen, dass das Wasser ungenießbar ist, weil es bitter schmeckt. Wir lesen, dass das Volk Mose vorwirft: „Was sollen wir nun trinken?“ (Vers 24). Die Beschwerde richtet sich gegen Mose, den Gott zum Anführer berufen und gesalbt hat.

Denken Sie daran, dass Wasser ein Grundbedürfnis ist. Hier geht es nicht darum, dass sich jemand über einen Flug beklagt, der neunzig Minuten Verspätung hat, oder über ein

Steak, das nicht ganz durch ist. Hier geht es um Wasser. Stellen Sie sich die weinenden Kinder und die schwachen Großeltern vor. Drei Tage sind sie schon ohne Wasser – das ist eine echte Notlage – und die Söhne und Töchter Jakobs antworten mit Murren.

Gott weist daraufhin Mose an, einen Zweig in das bittere Wasser zu werfen. Der unter Druck gesetzte Anführer tut es und das Wasser wird genießbar. Gott schenkt Wasser. Gott schenkt Leben. Schließlich *ist* Gott das Leben. Vielleicht sollten sie lernen, dass Gott aus etwas Widerlichem etwas Gutes machen kann – dass er aus Tod Leben entstehen lässt. Diese neue Generation von Israeliten durchlebt die Heilsgeschichte hautnah mit.

Nahrung (2. Mose 16)

Nach der Geschichte mit dem bitteren Wasser ereignet sich im nächsten Kapitel etwas ganz Ähnliches. Diesmal dreht sich das Problem um Nahrung, ein weiteres Grundbedürfnis. Diesmal murrt das ganze Volk gegen Mose und beteuert, dass es lieber in Ägypten gestorben wäre, wo es wenigstens vor vollen Fleischtöpfen gesessen und reichlich zu essen gehabt hatte. Sie beschuldigen Mose, dass er sie nur in die Wüste geführt hat, damit sie dort verhungern.

Wieder wird ein Grundbedürfnis der Israeliten nicht erfüllt: Nahrung. Sie klagen nicht, weil ihr Golfnachmittag ins Wasser fällt oder die Schlange an der Supermarktkasse so lang ist. Die Israeliten haben nichts zu essen. Und wieder sehe ich vor meinem inneren Auge weinende Kinder und schwache Großeltern.

Diesmal sind die Klagen, in denen es um das reichhaltige Nahrungsangebot in Ägypten geht, recht wortreich. Die Israeliten machen deutlich, dass sie lieber dort gestorben wären als in der Wüste. Dabei lassen sie aber die kleine Nebensächlichkeit außer Acht, dass sie in Ägypten die Arbeitssklaven des Pharao waren und ihr Leben dort unerträglich war. Es scheint, als würden sie lieber in Ägypten elend sterben, als in der Wüste elend zu sterben.

Gott erfüllt ihr Grundbedürfnis nach Nahrung, indem er das Manna schickt. Später schickt er dann Wachteln, damit sie Fleisch haben. Wieder einmal hat Gott gezeigt, dass er sehr wohl für sein Volk sorgen kann. Was will er ihnen zeigen, wenn er sie in eine so ausweglose Situation bringt? „Ich habe euer Vertrauen verdient. Ihr müsst lernen, euch auf mich zu verlassen."

Erkennen Sie den Refrain in diesem Wüstenlied? Es entsteht eine Notlage wegen eines nicht gestillten Grundbedürfnisses, das Volk murrt, und Gott sorgt für die Menschen.

Wieder Wasser (2. Mose 17)

Gleich im nächsten Kapitel kommt es erneut zu einem Zwischenfall. Die Israeliten stecken wieder in einer Wasser-Krise. Unter der sengenden Wüstensonne murren sie aufs Neue mit ausgetrockneten Kehlen gegen Mose. In der Bibel heißt es: „Die Israeliten brachen aus der Wüste Sin auf und zogen von einem Lagerplatz zum nächsten, wie der Herr es ihnen befahl. Als sie in Refidim ihr Lager aufschlugen, fanden sie kein Trinkwasser. Da machten sie Mose bittere Vorwürfe und verlangten: ‚Gib uns Wasser zum Trinken!' Mose erwiderte: ‚Warum beschwert ihr euch bei mir? Warum stellt ihr den Herrn auf die Probe?‘“ (Verse 1–2).

Gott gibt Mose die Anweisung, mit seinem Hirtenstab auf einen großen Felsen zu schlagen. Gottes Fürsorge ist bemerkenswert, denn daraufhin sprudelt Wasser aus dem Felsen. Ein Fels ist etwas Lebloses und Wasser bedeutet Leben. Leben kommt aus etwas Leblosem. Wasser kommt von nirgendwoher, aus dem Nichts. Leben kommt aus dem Tod.

Aber bei diesem letzten Zwischenfall reagiert Mose auf die Anklage des Volkes mit einem Vorwurf: „Warum stellt ihr den Herrn auf die Probe?“ Wer angesichts von Gottes treuer Fürsorge ständig herumjammert, lebt gefährlich. Gott hat hier eine ganz bestimmte Absicht, die dem Volk aber entgeht.

Was hat er vor? Ich vermute, dass Gott das Volk immer wieder in lebensbedrohliche Situationen bringt, um ihm zu zeigen, dass er vertrauenswürdig ist. Aber die Israeliten reagieren immer wieder mit Zweifeln. Sie beklagen sich ständig. Das Murren wird zum sich ständig wiederholenden Verhaltensmuster. Beachten Sie auch hier wieder die Reihenfolge: Krise, Murren, Gottes Fürsorge. Das Volk soll dadurch Vertrauen lernen, aber wie es scheint, sind diese Erfahrungen vollkommen nutzlos.

Bedenken wir, dass die Erfahrungen im Land zwischen Aufbruch und Ankunft mit all ihren Schwierigkeiten das Volk formen und verändern sollen. Gott will in den Notlagen seine Treue beweisen. Wenn diese Lektionen Früchte tragen, dann wird Israel zu einem Volk des Glaubens, das bereit ist, in das Land einzuziehen, das ihren Vorfahren versprochen worden war. Verstehen Sie das? Das Land zwischen Aufbruch und

Ankunft mit all seinen Schwierigkeiten soll sie auf das verheißene Land vorbereiten. Die Frage, die sich dem Volk in allen diesen Nöten stellt, ist: „Wer ist eure Quelle des Lebens? Auf wen werdet ihr euch verlassen, damit er euch Wasser, Nahrung und Leben gibt?“ Wenn die Israeliten erst einmal im verheißenen Land sind, werden sie der Versuchung widerstehen müssen, von Göttern wie Baal Wasser, Nahrung und Leben zu erbitten. Die Abhängigkeit von Gott wird dann lebenswichtig sein, und die Wüste ist das Trainingslager, in dem sie diese Abhängigkeit lernen. Hören Sie, wie ihr Schöpfer ihnen zuflüstert: „Ich bin alles, was ihr braucht. Kommt zu mir. Vertraut mir. Ich werde euch beweisen, dass ich für euch sorgen kann.“

Nach den sich ständig wiederholenden Klagen zu urteilen, hat das Trainingslager in der Wüste augenscheinlich nichts bewirkt. Offensichtlich hat dieses Volk den Hang zu maulen, wenn es das Gefühl hat, sein Leben sei in Gefahr. Ich will hier nicht verächtlich von den Israeliten sprechen. Ich will nur ihr Verhaltensmuster darstellen, damit wir es uns wie einen Spiegel vorhalten können. Wie reagieren wir in Schwierigkeiten? Machen wir es besser? Vertrauen wir? Legen wir Glauben an den Tag? Lassen wir zu, dass wir aus den Schwierigkeiten, mit denen wir im Land zwischen Aufbruch und Ankunft konfrontiert werden, lernen, uns immer mehr auf Gott zu verlassen? Denken Sie daran, dass unsere Reaktionen auf Herausforderungen und Prüfungen bestimmen, welche Art von Mensch wir werden.

Kapitel 3

Der Weg des Vertrauens

Julie und ihr Mann Chris leben in Bradenton, Florida, und haben eine sehr schwere Zeit hinter sich, weil sie keine Kinder bekommen konnten. Nach einer langen Behandlungszeit mit Eingriffen und künstlicher Befruchtung kam schließlich ihre Tochter Olivia zur Welt. Danach folgten drei Fehlgeburten, als sie versuchten, ein zweites Kind zu bekommen. Nach der dritten Fehlgeburt wandelte sich Julies tiefe Trauer langsam in bittere Wut. Zu ihrer Trauer über den Verlust und der Frustration kam noch hinzu, dass Julies Schwester zu dieser Zeit schwanger war und sie ihr mit wenig Freude bei einer Geschenkparty für das Baby helfen musste. Sie war wütend, niedergeschlagen und zornig auf Gott. Warum musste das gerade ihr passieren und warum ließ Gott all das zu? Sie fühlte sich elend und hatte Angst, bei der Party für das Baby ihrer Schwester bemitleidet zu werden. Ihr graute vor den mitleidigen „Es tut mir so leid für dich, Ärmste“-Blicken.

Aber dann gebrauchte Gott eine Predigt, in der es darum ging, sich für die Freude zu entscheiden, um in Julie einen Heilungsprozess in Gang zu setzen. Ihr wurde klar, dass die Frage nicht ist, *ob* uns etwas Schlimmes passiert, sondern *wann*. Sie konnte nicht immer bestimmen, was in ihrem

Leben passieren würde, aber sie konnte bestimmen, wie sie darauf reagieren wollte. Julie beschloss, dass ihre schmerzhaften Erfahrungen ihren Glauben stärken und sie näher zu Gott bringen sollten. Sie sehnte sich nach einem Glauben, der aus tiefem Leid gestärkt hervorgeht. Und sie beschloss, es Gott zu überlassen, wann er ihr noch ein Kind schenken wollte, und darauf zu vertrauen, dass er in ihrem Leben am Werk war.

Obwohl Julie damit in geistlicher Hinsicht einen großen Sprung machte, nahm das Leid damit kein Ende. Ihr Entschluss, Gott zu vertrauen und sich für die Freude zu entscheiden, änderte noch nichts an der Situation von Julie und Chris. In den Monaten nach der Babyparty ihrer Schwester mussten sie sich erneut mit der Trauer auseinandersetzen, denn sie hatten zwei weitere Fehlgeburten zu verzeichnen. In dieser schweren Zeit beschloss Julie, sich an Gott zu wenden und den Trost und die Unterstützung von Freunden und Familie anzunehmen, was sie zuvor nie getan hatte. Julie erneuerte ihren Entschluss, sich trotz eines gebrochenen Herzens für die Freude zu entscheiden.

Fünfzehn Monate nach ihrer Entscheidung, Gott ganz zu vertrauen, brachte Julie ein Mädchen zur Welt, das sie Ellie Joy nannten. Aber das eigentliche Wunder an der Geschichte ist nicht, dass Gott Julie und Chris ein zweites Kind geschenkt hat. Das Wunder ist, dass ihr Glaube inmitten dieser tragischen Ereignisse wuchs. Wo andere vielleicht hart oder verbittert geworden wären, hat Julie sich entschieden, Gott im Leid zu vertrauen. Sie beschloss, geduldig zu warten, bis Gott ihr ein zweites Kind schenken würde, und sich trotz all ihres Schmerzes dafür zu entscheiden, mit Freude durchs Leben zu gehen.

Abrahams Geschichte

Die Israeliten hatten während ihrer Zeit in der Wüste ein kostbares Gut: Sie kannten die Geschichte Abrahams, ihres Stammvaters. Abrahams Geschichte war ein Zeugnis dafür, was geschieht, wenn jemand voller Vertrauen seinen Weg mit Gott geht – und genau das hätte ihnen in ihrer schweren Zeit im Land zwischen Aufbruch und Ankunft weiterhelfen können. Als sie Ägypten verließen und die Wildnis durchquerten, trugen die Israeliten die Geschichte von Gottes Treue und Fürsorge für Abraham sowie Abrahams Glauben in ihrem „Erbgut" mit sich.

Die Geschichte des Auszugs aus Ägypten beginnt damit, dass Gott Mose beim brennenden Dornbusch dazu beruft, sein Volk aus der Sklaverei zu führen, und sich ihm vorstellt als „der Gott Abrahams, Isaaks und Jakobs" (2. Mose 3,6), der seiner Vorfahren. Als Gott sagt, er werde das Volk aus Ägypten holen und in das Land bringen, das er ihren Vorfahren verheißen hat, wusste Mose, wovon Gott sprach. Die Israeliten kannten die Geschichten ihrer Vorfahren. Abraham war kein unbekannter, weit entfernter Urahn. Die Israeliten kannten seinen Glaubensweg genau – und das hätte ihr eigenes Verhalten beeinflussen müssen.

Abrahams Geschichte begann und endete mit der Frage: „Vertraust du mir?" Gott forderte einen Mann auf, sein Heimatland, seine Verwandtschaft und seine Kultur zu verlassen und in ein unbekanntes Land zu ziehen, das er noch nie gesehen hatte. Gott sagte: „Deine Nachkommen sollen zu einem großen Volk werden; ich werde dir viel Gutes tun; deinen

Namen wird jeder kennen und mit Achtung aussprechen. Durch dich werden auch andere Menschen am Segen teilhaben. Wer dir Gutes wünscht, den werde ich segnen. Wer dir aber Böses wünscht, den werde ich verfluchen! Alle Völker der Erde sollen durch dich gesegnet werden" (1. Mose 12,2–3).

Gott verknüpfte diesen ungeheuren Segen nur mit einer kleinen Bedingung: „Vertrau mir vollkommen." Abraham wurde aufgefordert, alle Annehmlichkeiten, alles Vertraute und jede Sicherheit zurückzulassen. „Du musst mir vertrauen. Wenn du das tust, werde ich dich und durch dich die ganze Welt segnen."

Und Abraham tat es. Er nahm Gott beim Wort, packte seine Siebensachen zusammen und zog mit Sara, seiner unfruchtbaren Frau, nach Kanaan, um ein neues Volk zu begründen. Abraham und Sara waren betagt und schon weit über das Alter hinaus, in dem man noch Kinder kriegen kann, aber sie zogen hinein ins Unbekannte, weil Gott ihnen versprochen hatte: „Vertraut mir, ich werde euch segnen."

Die Israeliten, die in der Wüste waren, kannten diese Geschichte. Sie kannten die Einzelheiten von Abrahams Reise, die mit einem Befehl und einer Verheißung begann: „Zieh weg und ich werde dich segnen. Lass alles Bekannte zurück – dein Land, deine Bräuche, die Menschen – und zieh in ein Land, das ich dir zeigen werde." Sie wussten, dass Gott Abraham gerufen und Abraham gehorcht hatte. Das war die Geschichte des Volkes Israel.

Abraham durchlebte seine eigene Zeit im Land zwischen Aufbruch und Ankunft, als er ins Unbekannte aufbrach und den Gott kennenlernte, dessen Stimme befiehlt, aber auch so

Großes verspricht. Wenn ich diese Geschichte lese, erwarte ich immer, dass dieser treue Pilger als Nächstes mit Segen überschüttet wird. Schließlich lautete so die Abmachung: „Zieh an den Ort, den ich dir zeigen werde, und ich werde dich mit unvorstellbarem Segen überschütten." Stattdessen nahm die Geschichte aber plötzlich eine sehr entmutigende Wendung. Wir lesen: „Im Land Kanaan brach eine Hungersnot aus" (1. Mose 12,10). Abraham machte sich gehorsam und treu auf den Weg, wie Gott es ihm befohlen hatte, und fand nur Mangel. Ich glaube nicht, dass das der Segen war, den Abraham sich erhofft hatte, als er Gottes Stimme folgte und von zu Hause fortzog.

Darüber hinaus hing Gottes Verheißung, ihn zu einem großen Volk zu machen, davon ab, dass Abraham Kinder bekam. Aber er und Sara blieben bis ins hohe Alter hinein kinderlos. Die Zeit zerrann ihnen zwischen den Fingern. Keine Schwangerschaft, kein Kind, kein Erbe, kein Volk. Während er weiter kinderlos blieb und auf die Einlösung des Versprechens wartete, wurde Abraham in einen regionalen Krieg verwickelt, in dem er mit seinen Verbündeten einige Könige aus dem Norden schlug, die sich verbündet hatten. Als er nach Hause kam, ging ihm Melchisedek entgegen, der König von Salem und Priester des höchsten Gottes. Er bot ihm seine Gastfreundschaft an, indem er ihm Brot und Wein brachte. Dann sagte er folgende Worte: „Der höchste Gott, der Himmel und Erde geschaffen hat, schenke dir seinen Segen, Abram!" (1. Mose 14,19).

Ich frage mich, welche Wirkung dieser neuerliche Segen auf Abraham hatte, der auf einen verheißenen Segen hin in dieses Land gezogen war: „Zieh los, dann werde ich dich segnen.“ Er war auf eine Verheißung hin losgezogen und wartete immer noch darauf, dass diese Verheißung sich erfüllte. Jetzt hörte er den Segen noch einmal, diesmal überbracht durch Melchisedek, den Priesterkönig. Diese Worte müssen eine ungeheure Erleichterung für Abraham gewesen sein. Was für eine Ermutigung das für ihn gewesen sein musste, weiterhin zu vertrauen, als er hörte, dass Gott ihn und seine kinderlose Frau nicht vergessen hatte.

„Abraham, du bist ein Bündnis mit Gott eingegangen und er mit dir. Er hat dir befohlen loszuziehen und hat gesagt, er würde dich segnen. Er ist die Quelle des Lebens und er ist bei dir. Abraham, der allmächtige Gott hat dich aus deiner Heimat gerufen und dir gesagt, du sollst gehen. Du wartest immer noch auf dein Kind, aber er ist treu. Abraham, sein Segen ist mit dir.“

Nach einigen Wirren bekamen Abraham und Sara schließlich ihren Sohn und nannten ihn Isaak. Alle Verheißungen, die Gott Abraham gegeben hatte, gingen jetzt auf Isaak über, den Sohn der Verheißung. Aber Abraham musste noch eine letzte, dramatische Glaubensprüfung bestehen: Gott forderte ihn auf, seinen Sohn zu opfern.

Am Anfang der Geschichte trug Gott Abraham auf, ihm zu vertrauen, indem er seine Vergangenheit losließ und seinem Volk und seinem Heimatland den Rücken kehrte. Jetzt, gegen Ende seines Weges, sollte Abraham seinem Vertrauen auf Gott Ausdruck verleihen, indem er seine Zukunft losließ und seinen geliebten Sohn Isaak hergab, durch den die Verheißung in Erfüllung gehen sollte. In 1. Mose 22 können wir nachlesen, dass Abraham auf die Anweisung, seinen Sohn zu opfern, mit Gehorsam und Vertrauen reagierte und dass Gott dann dafür sorgte, dass ein anderes Opfer an Isaaks Stelle zur Verfügung stand. Gott sagte: „Jetzt weiß ich, dass du Gott gehorsam bist – du bist sogar bereit, deinen geliebten Sohn für mich zu opfern!" (Vers 12). Abraham lernte Gott als Gott kennen, der für ihn sorgt.

Es ist wichtig, sich in Erinnerung zu rufen, dass die Israeliten diese Geschichte kannten. Abraham war ihr Stammvater und sein Weg des Vertrauens auf Gott war ihr geistliches Erbe. Das Tragische daran ist, dass sie das, was Abraham gelernt hatte, nicht auf ihr eigenes Leben übertragen konnten. Sie „wussten" rein verstandesmäßig von Gottes Treue, konnten aber dieses Wissen in ihrer schwierigen Situation nicht anwenden. Als sie dort in der Wüste mit großen Schwierigkeiten konfrontiert wurden, hatten sie die einmalige Gelegenheit, Gottes Güte aus erster Hand zu erleben und Abrahams Erfahrungen mit Gott auf sich selbst zu übertragen – Gott zu vertrauen, wie er es getan hatte. Aber anstatt dieses Vertrauen einzuüben, reagierten sie ständig mit Murren und Klagen. Sie verschwendeten ihr geistliches Erbe. Entweder hatten sie die Geschichte ihres Volkes vergessen oder sie konnten sie schlicht nicht auf ihren Alltag übertragen.

Wie schlagen wir uns so in unserem ganz persönlichen Land zwischen Aufbruch und Ankunft? Welche Verhaltensweisen entwickeln wir? Auch uns steht Abrahams Geschichte zur Verfügung. Und wir haben die Geschichte des Volkes Israel. Werden wir zulassen, dass Gottes Handeln in der Vergangenheit uns in der Gegenwart zum Gehorsam motiviert?

Unsere Reaktion

Wir können nicht immer bestimmen, was in unserem Leben geschieht. Oft haben wir es nicht in der Hand, was andere uns antun – unser Chef, unser Ehepartner, unsere Kinder, ein abgelenkter Autofahrer, ein unehrlicher Geschäftspartner. Aber wir haben es in der Hand, wie wir darauf reagieren. Und wir *werden* irgendwie reagieren.

Vielleicht beschließen wir, uns innerlich zurückzuziehen, und gleiten still und leise in eine Depression ab. Vielleicht entscheiden wir uns für glühenden Zorn und lassen die Glut unter der Oberfläche unseres Lebens schwelen. Vielleicht beschließen wir, eine „Einkaufstherapie" zu machen, und betäuben unsere Enttäuschung, indem wir immer mehr Klamotten kaufen und sie in unseren ohnehin schon vollen Kleiderschrank hängen. Vielleicht geben wir uns Rachefantasien hin. Aber für irgendetwas werden wir uns auf jeden Fall entscheiden. Wir reagieren immer irgendwie, wenn wir bitter enttäuscht werden. Die Frage ist nur, *wie*.

Manchmal scheint es uns, als hätten wir wirklich keine Wahl gehabt. Es ist durchaus möglich, dass man sich so oft für eine negative Reaktion entscheidet, dass diese mit der Zeit gar nicht mehr wie unsere eigene Entscheidung aussieht. Sie wird genauso ein Verhaltensmuster wie das Murren der Israeliten. Wir reagieren so gewohnheitsmäßig mit zerstörerischem Verhalten, dass es zum Reflex wird, wenn wir enttäuscht werden.

Machen Sie sich nichts vor: Wir haben die Wahl. Wir reagieren immer irgendwie auf schmerzhafte Erlebnisse, und wie wir reagieren, liegt bei uns.

Diese Entscheidung ist unsere Chance. In großen Schwierigkeiten wird unser Glaube auf die Probe gestellt, genauso wie Abrahams Glaube auf die Probe gestellt wurde, als Gott ihm befahl, seine Heimat zu verlassen und Isaak zu opfern. Dass unser Glaube auf die Probe gestellt wird, ist zu unserem eigenen Besten. Gott hat zugelassen, dass die Israeliten in der Wüste Not leiden mussten, damit er für sie sorgen konnte und sie lernen konnten, ihm zu vertrauen und sich auf ihn zu verlassen. Jakobus, der Verfasser des Jakobusbriefes, ermutigt die Christen der ersten Gemeinden und erinnert sie daran, dass „durch solche Bewährungsproben" ihr Glaube fest und unerschütterlich wird (Jakobus 1,3). Wenn sich alles unserer Kontrolle zu entziehen scheint, dann steht unser Glaube auf dem Prüfstand. Wenn wir uns entscheiden, Gott zu vertrauen, wird unser Glaube fest, und er wird wachsen. Wir werden wachsen.

Wenn wir über einen längeren Zeitraum hinweg mit Schwierigkeiten konfrontiert sind, reinigt das in gewisser Weise unseren Glauben. Wir stehen vor der Frage: „Werde ich diese Prüfung überstehen [setzen Sie hier selbst ein: Arbeitslosigkeit, Kinderlosigkeit, Kind weggelaufen, Ehepartner weggelaufen, Depressionen, finanzielle Nöte], sodass mein Glaube hinterher immer noch lebendig sein wird? Werde ich diese riesige Enttäuschung überleben und immer noch glauben, dass Gott gut und weise ist und mich liebt? Werde ich Gott vertrauen? Oder wird mein Glaube an einen gütigen, weisen und liebenden Gott sich allmählich in Luft auflösen, je mehr meine Geduld und meine Kraft schwinden?"

Unser Herz wird vom Klagen angezogen wie von einer unsichtbaren Kraft – immerhin scheint Klagen eine angemessene Reaktion auf eine Reihe von Enttäuschungen zu sein. Zum Klagen muss man sich nicht überwinden; die Klage nistet sich von ganz alleine ein. Sie kommen nach einem weiteren frustrierenden Arbeitstag heim, und die Klage hat zu Hause schon das Gästezimmer belegt, ihre Sachen ausgepackt, ihre Wäsche gewaschen und durchstöbert gerade Ihren Kühlschrank. Selbst wenn Sie versuchen, die Klage hinauszuwerfen – ihre Sachen vor die Tür stellen und das Türschloss auswechseln –, schleicht sie sich hinten durchs Fenster wieder hinein. Die Klage widersteht jedem Rausschmiss.

Ehe wir es uns versehen, haben wir das Gefühl, dass es durchaus gerechtfertigt ist, wenn wir „hin und wieder" mal ein bisschen jammern, weil es uns so ja vertraut ist. Mit jeder Schwierigkeit werden wir ein bisschen mehr wie die murrenden Israeliten in der Wüste. Dann haben wir die Lektionen im Glauben nicht gelernt. Gott will uns etwas beibringen und etwas in uns hineinlegen, aber wir bleiben nur zusammengekauert in unserem Reaktionsmuster stecken. Es wird Zeit, dass wir aufwachen und erkennen, was hier vor sich geht! Wie können wir dieses Verhaltensmuster ablegen und nicht länger ständig klagen?

Ich habe einmal gehört, dass „ein schlechter Zug einen guten Zug verdrängt" und „ein guter Zug einen schlechten Zug verdrängt". Wir können verhindern, dass sich die Klage bei uns einnistet, indem wir einem anderen Gast unser Gästezimmer geben. Dieser andere Gast heißt Vertrauen. Wenn wir uns angesichts großer Enttäuschungen dazu entschließen zu vertrauen, bleibt der Klage weniger Spielraum. Wenn sie sich dann gerade häuslich bei uns einrichten will, muss sie feststellen, dass alle Schubladen im Gästezimmer schon voll sind und der Extrastuhl am Tisch bereits belegt ist. Vertrauen vertreibt die Klage. Vertrauen und Klage können einfach kein Zimmer teilen. Das eine vertreibt unweigerlich das andere.

Teil 2

Zusammenbruch

Kapitel 4

Entmutigt

Im Sommer vor meinem letzten Jahr am theologischen Seminar fing ich an, in der *Ada Bible Church* in der Nähe von Grand Rapids, Michigan, zu predigen. Ich war damals einundzwanzig und frisch verheiratet. Die Gemeinde befand sich in einer Übergangsphase: Der Gemeindegründer, der die Arbeit vor sieben Jahren angefangen hatte, war gegangen. Es gab etwa fünfundzwanzig regelmäßige Gottesdienstbesucher und ein halbes Dutzend Familien, die den Kern der Gemeinde bildeten. Ich bekam fünfundzwanzig Dollar pro Predigt; die meisten meiner Predigten waren auch durchaus ihr Geld wert.

Die Gemeinde der *Ada Bible Church* traf sich in einem Haus, das später eine Vierzimmerwohnung werden sollte. Der Gottesdienstraum war die acht Meter breite Doppelgarage. Die Anfänge der Gemeinde waren eher bescheiden. Aber mit den Monaten wuchsen wir, weil Studenten und junge Familien zu uns stießen.

Links von der Kanzel hing eine Anzeigetafel, auf der mit beweglichen Ziffern die Gottesdienstbesucherzahl und die Höhe des Opfers der vergangenen Woche angezeigt wurden. Auf der Tafel konnte man auch die bisher höchste Besucherzahl ablesen. Wir sahen zu, wie die Zahlen immer weiter anstiegen und die Rekordbesucherzahl erst über 60, dann über 70 und schließlich auf über 100 stieg. Angesichts der vielen Megagemeinden, von denen wir überall lesen, mögen diese Zahlen vielleicht unscheinbar wirken, aber Sie können mir glauben, dass es eine berauschende Wirkung hatte, zuzusehen, wie sie ständig stiegen. Wir hatten das Gefühl, dass es vorwärtsging, wie in einem Zug, der seinem Ziel immer näher kommt. Wir gingen hinaus und brachten jeden Monat neue Menschen mit, die zu unserer dynamischen Gemeinde dazugehören wollten.

Als sich unser kleines Gebäude immer mehr mit neuen Gesichtern füllte, wussten wir, dass wir ein größeres Gebäude bauen mussten. Die Gemeinde hatte ein Grundstück gekauft, und wir fingen an, darüber zu sprechen, wie unser neues Gebäude aussehen, wie es genutzt werden und wie groß es sein sollte. Ich gab in der Gemeinde bekannt, dass im April der erste Spatenstich gemacht werden sollte. Wir würden bauen!

Wenn ich an kalten Wintertagen zu unserem Briefkasten gehe, kann ich oft riechen, wie unser Nachbar im Kamin Holz verbrennt. Auch das Gemeindewachstum hat einen ganz eigenen Geruch. Wenn etwas in Bewegung kommt, kann man es riechen.

Aber als es April wurde, war klar, dass wir noch lange nicht bereit waren zu bauen. Eines Sonntagmorgens verkündete ich vor der Predigt, dass wir das Projekt noch um ein Jahr verschieben müssten. Ich erklärte, dass es besser sei, den Bau zu verschieben, als sich schlecht vorbereitet hineinzustürzen. Die Leute dankten mir. Wir konnten es auch noch ein Jahr in unserer bescheidenen Behausung aushalten.

Im nächsten Frühjahr zeigte jedoch ein Unternehmen Interesse an unserem Grundstück. Das löste neue Diskussionen aus und wir erkundeten Alternativen. Aus Wochen der Unentschlossenheit wurden Monate und eines Sonntags machte ich vor der Predigt wieder eine Ankündigung. Ich erklärte die Situation, nannte die Gründe, weshalb wir das Projekt noch einmal verschieben müssten, und versprach, dass wir im nächsten Jahr bestimmt bauen würden. Ich kann mich nicht erinnern, dass mir irgendjemand nach dieser Ankündigung gedankt hätte.

Im nächsten Winter machte ich wieder eine ähnliche Ankündigung. Das war schon der dritte Fehlstart. Dreimal hatten wir das Projekt aufgeschoben, drei Jahre lang hatten wir versucht, ausreichend Geld zu sammeln, um weiterzukommen. Auch in dieser Zeit veränderten sich die Zahlen auf der Anzeigetafel neben der Kanzel ständig – aber in die falsche Richtung. Die Rekordbesucherzahl blieb die gleiche: 117. Aber die wöchentliche Besucherzahl fiel auf etwas über 90, dann 70 und blieb schließlich bei etwas über 50 stehen.

Während die Anzeigetafel die Entwicklung unserer Gemeinde festhielt, spürten diejenigen, die geblieben waren, eine immer größere Last. Die finanziellen Verpflichtungen verteilten sich jetzt auf weniger Schultern. Je weniger Stühle besetzt waren, desto anstrengender wurde es, das Gebäude zu putzen, den Rasen zu mähen und die Kindergruppen zu leiten. Ich kann mich noch gut daran erinnern, wie beschämt wir waren – nicht weil wir immer weniger wurden, sondern weil wir einzelne Menschen und ganze Familien verloren. Es waren nicht nur die Zahlen, die schwanden, es waren Familien, mit denen wir zusammen gearbeitet, gelacht, gebetet und geweint hatten.

Die Szenen wiederholten sich. Ein Vater rief an und fragte, ob wir uns auf eine Tasse Kaffee treffen könnten. Dann erklärte er mir, dass er mit seiner Familie angefangen hatte, sich nach einer anderen Gemeinde umzusehen (und davon gibt es in Grand Rapids nicht gerade wenige). Oft versuchte derjenige, der ging, mich mit den Worten zu trösten: „Es liegt nicht an dir – wir brauchen nur einfach etwas anderes." Bei diesen Worten hatte ich immer das Gefühl, als verließe mich meine Frau.

Wenn eine Familie uns verließ, druckten wir das nicht in unserem Gemeindeblatt ab: „Die Webers kommen nicht mehr." Stattdessen stellte irgendjemand vor oder nach dem Gottesdienst fest: „Hey, ich habe Bill und Donna schon lange nicht mehr gesehen." Und dann erwiderte ich: „Ja, sie haben sich nach einer anderen Gemeinde umgesehen. Sie hatten das Gefühl, dass es Zeit war, woanders hinzugehen." Solche Unterhaltungen fanden immer wieder statt, je mehr Menschen uns verließen. Und jedes Mal fühlte ich mich schlechter.

Auch der Rückgang hat seinen eigenen Geruch. Wenn es rückwärtsgeht, kann man das riechen. Die Menschen gehen aus den unterschiedlichsten Gründen in die Gemeindearbeit, aber „Ich will andere und mich selbst zutiefst enttäuschen" gehört eher selten dazu. Ich starb einen langsamen Tod. Im Bericht des Leichenbeschauers würde es heißen: „Tod durch Demütigung."

All das hat sich vor über zwanzig Jahren ereignet. Aber selbst nur darüber zu schreiben ist ermüdend. Während mir die Erinnerungen daran durch den Kopf gehen, habe ich das Gefühl, als müsste ich schlafen. Auf unserem Weg durch das Land zwischen Aufbruch und Ankunft kämpfen wir oft mit Entmutigung. Und in der Wildnis ringen auch die größten Optimisten mit Ungeduld, Sinnlosigkeit und Verzweiflung.

Nach sieben Jahren als Pastor der *Ada Bible Church* – davon drei, in denen wir das Bauprojekt hinausgeschoben hatten, und eines, in dem wir schließlich gebaut hatten – zogen wir endlich in unser neues Gebäude ein. Es war ein unscheinbares Gebäude, erbaut von Freiwilligen. In unseren neuen Räumlichkeiten hing keine Anzeigetafel mit der Zahl der Gottesdienstteilnehmer, aber zum Einweihungsgottesdienst kamen etwa einhundert Menschen, die gemeinsam diesen neuen Abschnitt unserer Reise beginnen wollten. Wir waren zutiefst dankbar, dass wir wieder dort waren, wo wir vier Jahre zuvor einmal gewesen waren – bevor wir das Land zwischen Aufbruch und Ankunft betreten hatten.

Am Rande des Zusammenbruchs

Während sich das Drama in der Wüste immer weiter zuspitzt, wird aus den Klagen über das Manna verzweifelte Wut. Die Klage breitet sich im gesamten Lager aus und gipfelt schließlich in der wütenden Forderung: „Gib uns Fleisch zu essen!" (4. Mose 11,13). Die Klage richtet sich gegen Mose. Wenn wir uns jetzt unseren in die Enge getriebenen Anführer anschauen, dürfen wir nicht vergessen, dass Mose diesen Job nie haben wollte. Als Gott ihn als Hirte beauftragte, das Volk aus der

Sklaverei zu führen, protestierte er vehement und erklärte, er fühle sich absolut unzulänglich für die Aufgabe. Jetzt steht er unmittelbar vor einer Revolte, und es ist klar, dass Mose kurz vor dem Zusammenbruch ist und die Forderung des Volkes nicht erfüllen kann. In 4. Mose 11 lesen wir sein Gebet, dessen große Ehrlichkeit bemerkenswert ist. Wenn wir seinen Hilfeschrei lesen, können wir richtig spüren, dass er kurz vor einem Nervenzusammenbruch steht.

„Warum tust du mir das an?", fragte er den Herrn. „Ich bin zwar dein Diener! Aber musst du mir wirklich die Verantwortung für dieses ganze Volk aufhalsen? Hast du denn kein Erbarmen mit mir? Bin ich etwa die Mutter dieser Menschen? Habe ich sie zur Welt gebracht? Oder bin ich ihr Pflegevater? Soll ich sie wie einen Säugling auf meinen Armen in das Land tragen, das du ihren Vorfahren versprochen hast? Sie weinen und flehen mich an: ‚Gib uns Fleisch zu essen!' Woher soll ich denn Fleisch für Hunderttausende von Menschen nehmen? Ich kann die Verantwortung für dieses Volk nicht länger allein tragen. Ich halte es nicht mehr aus! Wenn es so weitergehen soll, bring mich lieber gleich um! Wenn dir aber etwas an mir liegt, dann erspar mir dieses Elend!" (4. Mose 11,11–15).

So bricht es erschöpft aus Mose heraus. Er schleudert Gott eine ganze Reihe von Fragen an den Kopf. Warum hat er ihm eine so unmögliche Aufgabe übertragen? Er beteuert, dass er diese ungeheure Last keinen Augenblick länger ertragen kann. Mose ist so erschöpft, dass er lieber sterben möchte, als so weiterzumachen.

Das Land zwischen Aufbruch und Ankunft ist der Boden, auf dem Nervenzusammenbrüche wachsen.

Ist Ihnen aufgefallen, dass der größte Teil von Moses Gebet aus Fragen besteht? Ich habe acht Fragezeichen gezählt. „Warum? Womit habe ich das verdient? Wie kann ich ihre Forderung erfüllen? Warum? *Warum?*"

Das klingt mehr nach jemandem, der am Rande des Zusammenbruchs steht, als nach einem Gebet. Man könnte auf die Idee kommen, dass das in mancher Hinsicht verdächtig so klingt wie das Jammern der Israeliten. Mose ist verzweifelt, frustriert und bereit aufzugeben; er verabschiedet sich von seiner Berufung und möchte lieber sterben. Aber es gibt einen entscheidenden Unterschied: Moses Haltung gegenüber Gott. Die Israeliten beklagen sich *über* Gott. Mose spricht *mit* Gott, und das ist ein riesiger Unterschied. Mose lehnt Gott nicht verächtlich ab. Mit seinen Fragen wendet er sich vielmehr *zu Gott hin*. Er lässt sich nicht zu gehässigen Vorwürfen hinreißen, sondern sagt Gott ganz ehrlich, wie es um ihn steht. Er ist am Anschlag und alles wächst ihm über den Kopf. Er geht auf dem Zahnfleisch. Haben Sie sich schon einmal so gefühlt? Verzweifelt und am Ende Ihrer Kräfte?

Als er nicht mehr weiterweiß, tut Mose das einzig Richtige: Er schüttet Gott sein Herz aus: „Ich kann nicht mehr!" Er gebraucht die Bilder von Schwangerschaft, Geburt und Säuglingspflege, um zu beschreiben, wie anstrengend die Aufgabe ist, die Gott ihm da übertragen hat. Damit sagt er mehr oder weniger: „Ich habe all diese Kleinkinder nicht zur Welt gebracht! Ich bin nicht ihr Vater, und es ist nicht meine Aufgabe, sie durch die Wüste zu tragen!"

In seinem ausgelaugten Zustand hat Mose das Gefühl, dass er eine viel zu große Last trägt. „Ich kann die Verantwortung für dieses Volk nicht länger alleine tragen. Ich halte es nicht mehr aus!“ Er bekommt schon Muskelkrämpfe in den Armen, seine Finger sind taub, er hat die Situation nicht mehr im Griff. Mose verliert die Kontrolle.

Gebrochen stöhnt Mose: „Ich kann das alles nicht mehr ertragen. Es ist zu viel für mich.“ Können Sie in Moses schmerzerfülltem Gebet noch andere Stimmen hören? Hören Sie das Stöhnen Ihrer Freunde, deren Arme müde werden von der Last, die sie tragen müssen? Erkennen Sie Ihre eigene Stimme in Moses Worten wieder? Ich kann ganz sicher meine Stimme darin hören. Es ist der Herzensschrei der Überforderten: „Ich halte das nicht mehr aus. Es ist zu viel für mich.“

Zu schwer

Die vierzehnjährige Becky geht langsam von der Bushaltestelle nach Hause. Als sie die Haustür aufmacht, spürt sie sofort, dass dicke Luft ist. Als sie in ihr Zimmer flüchtet, hört sie eine bissige Bemerkung und eine beleidigende Antwort. In diesem Jahr bekam sie einen neuen Stiefvater, musste in eine andere Stadt ziehen und in eine neue Schule gehen. Der Streit wird lauter, sie hört verletzende Bemerkungen und Türen knallen. Sie setzt die Kopfhörer auf und dreht ihren iPod ganz laut auf, um den Streit zu übertönen, der wie immer damit enden wird, dass einer von beiden aus dem Haus rennt und wegfährt.

Wenn diese Ehe zerbricht, wird sie dann wieder umziehen und in eine andere Schule gehen müssen?

Können Sie in dem Chaos in Beckys Zuhause das Echo von Moses Gebet hören? „Ich halte das nicht mehr aus. Es ist zu viel für mich."

Mike sichtet an seinem überfüllten Schreibtisch den ganzen Nachmittag Rechnungen. An den Papierstapeln erkennt man sofort, dass das Geld schneller abfließt, als es hereinkommt. Er fühlt sich wie der Kapitän eines kleinen Schiffes, das schneller neue Lecks bekommt, als er sie stopfen kann. Ihm wird klar, dass das Geschäft, das er in zwölf Jahren aufgebaut hat, in weniger als zwölf Monaten den Bach hinuntergegangen ist. „Wie lange kann ich mich noch über Wasser halten?", fragt er sich laut.

Hören Sie in Mikes Entmutigung die Stimme Moses? „Ich halte das nicht mehr aus. Es ist zu viel für mich."

Vor zwei Jahren hat man bei Ricks geliebter Frau, mit der er seit fast fünfzig Jahren verheiratet ist, Alzheimer festgestellt. Er hat versucht, die Kinder nicht damit zu belasten, und hat sich deshalb ganz alleine um Alice gekümmert. Aber dann kommt jene grausame Nacht, in der Rick keinen Schlaf findet, weil er unablässig versucht, Alice zu beruhigen. Am Morgen greift er vollkommen erschöpft zum Telefonhörer, um seinen Sohn und seine Schwiegertochter um Hilfe zu bitten. Tag für Tag stiehlt ihnen die Krankheit ihre gemeinsamen Erinnerungen und nimmt ihm seine Frau Stück für Stück. Obwohl sie noch lebt, hat er das Gefühl, dass seine Lebensgefährtin der vergangenen fünfzig Jahre nicht mehr da ist. Jeden Tag fühlt er sich körperlich und seelisch mehr ausgelaugt. „Ich weiß einfach nicht, ob ich die Kraft habe, diese Aufgabe durchzuhalten“, sagt er.

Hören Sie in Ricks Stimme Moses Gebet? „Ich halte das nicht mehr aus. Es ist zu viel für mich.“

In der Wüste wächst etwas. Die Wüste ist fruchtbarer Boden für einen Nervenzusammenbruch. Wenn Ihnen dieser Ausdruck zu stark erscheint, dann schauen Sie sich noch einmal Moses Bitte am Ende seines Gebetes an: „Wenn du mich weiter so behandelst, dann töte mich lieber gleich!“ Mose will lieber sterben, als weiterhin dem Druck seiner unerträglichen Aufgabe als Leiter ausgesetzt zu sein.

Welche Last tragen Sie in der Wüste? Welche Verantwortung lastet auf Ihnen? Welcher Kummer? Welche Sorge, welche Angst oder welcher Druck? Vielleicht hatten Sie an einem bestimmten Punkt alles satt, aber inzwischen erdrückt Sie die Last schon beinahe. Sie sind entmutigt und können nicht mehr weiter, weil Ihnen jede Motivation fehlt. Ich möchte Ihnen Mut machen: Sie sind nicht alleine. Genau wie Mose waren auch schon andere Menschen an diesem Punkt. Viele andere. In der Geschichte der Menschheit gibt es jede Menge Beispiele dafür, die uns wiederum ermutigen können – wir brauchen nur die Bibel aufzuschlagen. Wir haben gesehen, wie Mose in seiner Angst reagierte. Schauen wir einmal, wie sich andere Menschen in der Bibel in ihrem Schmerz und ihrem Elend an Gott gewandt haben.

Kapitel 5

In guter Gesellschaft

Kim arbeitet in unserem Hausmeisterteam mit, war aber vor Kurzem in Florida, um ihrer Mutter zu helfen, die am Lou-Gehrig-Syndrom, auch ALS genannt, leidet, einer unheilbaren degenerativen Nervenerkrankung. Während sie in Florida war, schickte Kim mir eine E-Mail, in der sie beschrieb, wie schwer es ihr fiel, ihre Mutter leiden zu sehen. Sie musste mit ansehen, wie ihre Mutter nur noch mit Mühe atmen konnte. Wegen einer Bronchitis rasselte es in ihrer Brust, wenn sie Luft holen wollte; sie wurde künstlich ernährt, trug ein Stützkorsett, um den Kopf aufrecht zu halten – und hatte solche Mühe zu sprechen, dass Kim sie kaum noch verstehen konnte. Aber ihre Mutter lächelte immer noch, obwohl sie körperlich litt.

Kim schrieb, dass sie nachts im Bett lag und dem rhythmischen Geräusch des Beatmungsgerätes lauschte. Wenn sie ihre Mutter dann husten hörte, überkam sie plötzlich Angst. Erstickte ihre Mutter etwa gerade? Bekam sie noch Luft? Dann kamen die Fragen an Gott: Warum hatte Gott zugelassen, dass ihre Mutter von einer so schrecklichen Krankheit heimgesucht wurde?

Und dann wurde Kim klar, dass sie in dieser schweren Zeit mehr zu Gott geschrien hatte als jemals zuvor. Sie hatte zu ihm geschrien, ihn angefleht, ihm ihr Herz ausgeschüttet und ihm ihre Ängste zu Füßen gelegt. Als sie am Ende ihrer Kräfte angelangt und mit einer Situation konfrontiert war, die sie einfach nicht mehr unter Kontrolle hatte, vertraute sie auf Gott wie nie zuvor.

Zusammenbrüche in der Bibel

Manchmal fragen wir uns, ob man wirklich so ehrlich mit Gott reden darf. Dürfen wir ihm solche Fragen tatsächlich stellen? Wir befürchten vielleicht, dass wir genauso sind wie die klagenden Israeliten, wenn wir unsere Gefühle so ehrlich zum Ausdruck bringen. Deshalb hilft es uns, Moses frustrierten Aufschrei zu Gott zu lesen. Hören Sie noch einmal seine Verzweiflung: „Warum tust du mir das an? … Ich bin zwar dein Diener! Aber musst du mir wirklich die Verantwortung für dieses ganze Volk aufhalsen? Hast du denn kein Erbarmen mit mir? ... Ich kann die Verantwortung für dieses Volk nicht länger allein tragen. Ich halte es nicht mehr aus! Wenn es so weitergehen soll, bring mich lieber gleich um! Wenn dir aber etwas an mir liegt, dann erspar mir dieses Elend!“ (4. Mose 11,11.14–15).

Dieser hart bedrängte Diener Gottes macht nicht einfach nur seinem Unmut über sein Elend Luft. Er betet. Und mit diesem hemmungslosen, nichts beschönigenden Gebet liegt Mose genau richtig. Er tritt in einen Dialog mit dem Gott Abrahams ein, der Quelle des Lebens, dem Versorger. Auch wir dürfen so ehrlich mit Gott sein. Wir dürfen ihm Fragen stellen. Wir dürfen echt und ungeschminkt sein. Wenn wir zu ihm schreien und ihm unser Herz ausschütten, befinden wir uns in bester Gesellschaft. Moses ungehemmter Frust ist nicht das einzige biblische Beispiel für jemanden, der zusammenbricht. Er ist nicht der Einzige, der in Gottes Gegenwart die Fassung verliert.

Einige Jahrhunderte nach Mose erlebt der Prophet Elia etwas Ähnliches. Elia hatte Gott in einer sehr schweren Zeit gedient. Unter dem Einfluss von König Ahab und dessen Frau Isebel hatte sich der Baalskult in Israel ausgebreitet. Es war Elias Aufgabe, die Menschen wieder zu Gott zurückzuführen. Die Geschichte erreicht ihren Höhepunkt, als es zu einer offenen Konfrontation zwischen Elia und den Baalspriestern kommt. In einer großen Machtprobe antwortet Jahwe, der Gott Israels, auf Elias Gebet, indem er Feuer vom Himmel fallen lässt. Daraufhin erneuert das Volk seine Hingabe an Gott und ruft immer wieder: „Der Herr allein ist Gott!" Schließlich regnet es und eine schwere Dürre geht zu Ende (1. Könige 18).

An diesem Punkt der Geschichte könnte man nun erwarten, dass Elia dankbar und begeistert sei. Er hat augenscheinlich seinen Auftrag erledigt. Mission erfüllt! Aber genau an diesem Punkt nimmt die Geschichte eine unheilvolle Wendung – Elia erfährt, dass Königin Isebel vorhat, ihn umbringen zu lassen. Nach seinem großen Sieg bricht dieser Mann Gottes innerlich zusammen. In 1. Könige 19, Verse 3 bis 5 lesen wir:

Da packte Elia die Angst. Er rannte um sein Leben und floh bis nach Beerscheba ganz im Süden Judas. ... Allein wanderte er einen Tag lang weiter bis tief in die Wüste hinein. Zuletzt ließ er sich unter einen Ginsterstrauch fallen und wünschte, tot zu sein. „Herr, ich kann nicht mehr!“, stöhnte er. „Lass mich sterben! Irgendwann wird es mich sowieso treffen, wie meine Vorfahren. Warum nicht jetzt?“ Er streckte sich unter dem Ginsterstrauch aus und schlief ein.

Haben Sie Elias Gebet genau gelesen? Kommt Ihnen das irgendwie bekannt vor? Erinnert es Sie vielleicht an Moses Gebet? Oder vielleicht auch an Ihre eigenen Gebete in der Wüste? Elia bricht sehr schnell zusammen. Von einem euphorischen Hoch landet er in einer tiefen Depression. Genau wie Mose ist er so entmutigt, dass ihm – zumindest im Augenblick – der Tod anziehender erscheint, als sinnlos weiterzuleben. Er ist völlig ausgelaugt, seelisch am Ende und hat das Gefühl, dass sein gesamtes Leben und seine Arbeit vollkommen umsonst waren.

Schauen wir uns noch einen anderen Mann in der Bibel an – Jeremia, der von Gott den Auftrag erhalten hat, Jerusalem einige schlechte Prophezeiungen zu überbringen, bevor es dann 586 v. Chr. von den Babyloniern zerstört wird. Jeremia ruft die führenden Männer in einem Tal außerhalb der Stadt zusammen und zerschmettert theatralisch einen Tonkrug. Daraufhin deutet er diese zeichenhafte Handlung, indem er erklärt, dass Jerusalem genau wie dieser Tonkrug vollkommen zerstört werden wird. Als Jeremia diese Predigt im Tempel noch einmal wiederholt, wird er verhaftet, geschlagen und zur öffentlichen Schmähung an den Pranger gestellt, wo er bis zum nächsten Morgen bleiben muss. Das Licht des neuen

Tages bringt die Freilassung Jeremias, aber auch seinen Zusammenbruch. Achten Sie einmal darauf, mit welcher Verzweiflung er auf sein Leben und seine Aufgabe blickt:

Verflucht sei der Tag, an dem ich geboren wurde; der Tag, an dem meine Mutter mich zur Welt brachte, soll für immer vergessen werden! ... Warum nur bin ich geboren? Um ein Leben zu führen, das mir nichts als Leid und Elend bringt? Um jeden Tag nur Schimpf und Schande zu ernten? (Jeremia 20,14.18).

Dass er den Tag seiner Geburt verflucht, zeigt, wie verzweifelt Jeremia ist. Waren Sie schon einmal so tief unten, dass Sie sich gewünscht haben, Sie wären nie geboren worden? Erstaunlicherweise geht diesem Wunsch, nie geboren worden zu sein, ein aufrichtiges Lob Gottes voran.

Singt für den Herrn und lobt ihn! Denn er rettet den Armen aus der Gewalt boshafter Menschen (Jeremia 20,13).

Diese widersprüchlichen Reaktionen von Jeremia waren beide sehr aufrichtig. Der Prophet lobt Gott dafür, dass dieser ihn gerettet hat; aber gleichzeitig ist er gedemütigt und verletzt und sein Leben läuft gar nicht gut. Er erlebt gleichzeitig Gottes Güte und die schmerzhafte Brutalität des Lebens. Dadurch, dass diese beiden Extreme direkt nebeneinanderstehen, verschwimmt das Ganze ein wenig, aber wie wir im nächsten Kapitel in den Psalmen sehen werden, stehen diese beiden Extreme überall in der Bibel nebeneinander – genau wie in unserem eigenen Leben.

Einladung zum Hilfeschrei

Was können wir aus den Zusammenbrüchen von Mose, Elia und Jeremia lernen? Während wir über das nachdenken, was sie gesagt haben, sollten wir einige Dinge im Auge behalten. Zunächst einmal handelt es sich bei diesen dreien um geistliche Riesen und echte Glaubenshelden. Obwohl sie auch fehlerhafte Menschen sind, können wir sie keinesfalls als geistlich unreif bezeichnen. Ich neige dazu, ihre Hilfeschreie eher als Anzeichen einer gesunden Geistlichkeit zu verstehen denn als Zeichen geistlichen Mangels.

Außerdem hat der Schöpfer in seiner Weisheit beschlossen, diese spannungsgeladenen Gebete in die Bibel aufzunehmen. Gott will, dass wir sie lesen und vielleicht sogar, dass wir uns davon inspirieren lassen, wenn wir selbst kurz vor dem Zusammenbruch stehen. Vielleicht hat Gott diese und ähnliche Gebete in der Bibel für uns überliefert, um uns damit zu sagen: „Siehst du, du stehst nicht alleine da. Einige meiner besten Diener waren genauso frustriert und hatten das Gefühl, versagt zu haben. Und so haben sie gebetet, wenn sie sich leer und ausgelaugt fühlten. Und ich möchte dich einladen, genauso zu beten. Meine Arme sind stark genug, um einen solchen Hilfeschrei aufzufangen. Lass es heraus! Schrei um Hilfe! Komm zu mir und lass deine Erschöpfung, deinen Schmerz, deine Verletztheit und deine große Enttäuschung heraus. Wende dich mir zu, und sprich mit mir, auch wenn dir vielleicht die Worte fehlen."

Vielleicht finden wir in Moses Gebet das Vokabular für unsere eigenen Wüsten-Gebete. Sein Gebet mag uns unter

Umständen etwas überzogen vorkommen, aber Mose hat einen großen Sprung in die richtige Richtung gemacht, als er Gott sein Herz ausgeschüttet hat. Durch sein Gebet hat ein Gespräch mit Gott begonnen.

Viele Jahrhunderte später sprach Jesus die folgende Einladung aus: „Kommt alle her zu mir, die ihr euch abmüht und unter eurer Last leidet! Ich werde euch Ruhe geben" (Matthäus 11,28). Und wenn es diese Einladung an die Abgekämpften und Überlasteten schon immer gab? Ist sie vielleicht auch damals schon an Mose ergangen? An uns? „Kommt her und schreit eure Not heraus. Kommt und findet bei mir Ruhe."

Petrus, der drei Jahre lang mit Jesus unterwegs war, hat alle, die von Sorgen gequält werden, ermutigt: „Ladet alle eure Sorgen bei Gott ab, denn er sorgt für euch" (1. Petrus 5,7). Hier ist es Gottes Fürsorge, die uns dazu motivieren soll, unsere Sorgen bei ihm abzuladen.

Schauen Sie nur, wie Gott seinen verzweifelten Propheten Elia liebevoll umsorgt. Als Elia aus Angst um sein Leben vor Königin Isebel davonläuft, setzt er sich unter einen Ginsterbusch und betet: „Herr, ich kann nicht mehr! ... Lass mich sterben! Irgendwann wird es mich sowieso treffen, wie meine Vorfahren. Warum nicht jetzt?" (1. Könige 19,4). Dann legt er sich im Schatten des Strauches erschöpft und entmutigt hin und schläft ein. Jetzt würde man vielleicht eine Gardinenpredigt oder ein mahnendes Wort von Gott erwarten; Elia solle aufstehen, nach Hause gehen und sich wieder an die Arbeit machen! Aber stattdessen nimmt die Geschichte eine unerwartete Wendung.

Plötzlich wurde er wachgerüttelt. Ein Engel stand bei ihm und forderte ihn auf: „Elia, steh auf und iss!“ Als Elia sich umblickte, entdeckte er neben seinem Kopf einen Brotfladen, der auf heißen Steinen gebacken war, und einen Krug Wasser. Er aß und trank und legte sich wieder schlafen (Verse 5–6).

Elia bekommt kein altes, billiges Brot aus dem Supermarkt, sondern frisches, auf heißen Steinen gebackenes Brot. Elia, Gottes entmutigter, vollkommen erschöpfter Diener, wacht vom Duft frisch gebackenen Brotes auf und bekommt einen Krug belebendes, kühles Wasser. Diese Handlung berührt mich zutiefst. Ich würde damit rechnen, dass Elia zurechtgewiesen wird, aber stattdessen backt Gott Brot für ihn. Das ist, als sagte Gott ganz liebevoll: „Junge, du musst mal ordentlich essen. Du bist so müde und so enttäuscht. Hier, das habe ich extra für dich gemacht. Iss und ruh dich aus.“

Gott antwortet auf Elias verzweifelten Hilferuf mit liebevoller Fürsorge. Vielleicht brauchen wir deshalb so lange, bis wir unserer Not Luft machen, weil wir irgendwie meinen, dass Gott sich gar nicht für uns interessiert. Ob wir in der Stunde der Not zu Gott kommen, hängt von unserem Gottesbild ab. Wenn Gott in unseren Augen distanziert, fern und desinteressiert ist, werden wir uns wahrscheinlich nicht an ihn wenden, wenn wir das Gefühl haben, dass die Dinge unserer Kontrolle entgleiten. Wenn wir ihn dagegen als fürsorglich, gegenwärtig und liebevoll ansehen, ist es sehr viel wahrscheinlicher, dass wir mit unseren Nöten zu ihm kommen.

Kapitel 6

Die Kunst, um Hilfe zu rufen

Bill verlor seinen Vater schon zehn Jahre, bevor er tatsächlich starb. Weil er an Demenz erkrankt war, musste er aus dem Familienunternehmen ausscheiden und schließlich in einem Pflegeheim untergebracht werden. Obwohl er noch lebte, konnte Bills Vater nicht mehr der Großvater für Bills Kinder sein. Er war nicht mehr da, als die Firma an Bill überging, und er war nicht mehr da, um seinem Sohn den Rat zu geben, den er so dringend gebraucht hätte, als die Wirtschaft in der Krise steckte. Immer wieder wünschte sich Bill, er könnte mit seinem Vater sprechen, um sich bei schwierigen Geschäftsentscheidungen seinen Rat zu holen. Stattdessen musste er sich alleine durch diese stürmischen Zeiten kämpfen.

Ein Ereignis, das eigentlich gar nichts Besonderes war, ließ in Bill den Schmerz über den Verlust aufbrechen. Als er sein Haus verkaufen wollte, kam ein junges Ehepaar, das seine Eltern mitbrachte. Bill sah, wie der junge Mann den möglichen Hauskauf mit seinem Vater besprach, und als er diese Unterhaltung beobachtete, fühlte er sich plötzlich beraubt. Je länger er über diesen Anblick des Sohnes, der sich bei seinem Vater Rat holte, nachdachte, desto mehr hatte er das Gefühl, dass ihm etwas gestohlen oder ungerechterweise genommen worden war. In ihm wurde eine Stimme laut, die fragte: *Wo war mein Vater, als ich ihn gebraucht habe?*

Als Bill mir von diesem Erlebnis erzählte und von seinem übergroßen Gefühl des Verlustes, war klar, dass diese Verletzung nicht geheilt war. Ich fragte ihn, ob er schon einmal Gott sein Leid geklagt hätte. Hatte er seinen Gefühlen Gott gegenüber schon einmal Luft gemacht und ihm gesagt, wie unfair er es fand, dass andere Menschen die Beziehung zu ihren Eltern noch genießen konnten, während ihm sein Vater schon genommen worden war? Da Bill der Gedanke etwas fremd war, schlug ich ihm vor, sich einmal ein paar Tage alleine irgendwohin zurückzuziehen, vielleicht auf eine Hütte. Dort könnte er die Psalmen lesen und innehalten, wenn er einen Psalm fand, der seine Trauer und Sehnsucht zum Ausdruck brachte. Daraus konnte er dann Teile, einzelne Sätze oder Verse in seine eigenen Gebete übernehmen, um seine eigene Klage vor Gott zu bringen und ihn zu bitten, in seiner Gnade seinen Schmerz, seine Sehnsucht, seine Verletzungen und seine Trauer zu heilen.

Ich hoffte, dass Bill sich vielleicht von diesen Verletzungen würde lösen können – dass ein Heilungsprozess in Gang kommen würde, wenn er die Psalmen als Leitfaden für seine eigenen Klagen benutzte und mit ihrer Hilfe der Trauer um den Verlust seines Vaters Luft machte. Auf dem Weg, das Land zwischen Aufbruch und Ankunft zu durchqueren, haben wir manchmal das Gefühl, als müssten wir unvorstellbare Lasten tragen oder stünden in einer Zerreißprobe, die unsere Kraft übersteigt. In unserer Verwirrung vergessen wir dann einen grundlegenden Schritt zu unserer Heilung: Wir sollen unsere

Sorgen zu Gott bringen. Aus irgendeinem Grund antworten wir nicht auf seine Einladung, zu ihm zu kommen und ihn um Hilfe zu bitten. Wir fragen stattdessen: „Wenn er doch Gott ist und die Situation schon kennt, warum muss ich ihm dann noch davon erzählen?" Weil wir darüber reden müssen. Genau wie bei Mose setzt erst die Tatsache, dass wir unsere Sorgen in Worte fassen, ein Gespräch in Gang, bei dem wir uns für seine Liebe, seine Gnade und seine Fürsorge öffnen.

Führen wir unsere Betrachtung von Moses wütendem Gebet in der Wüste einmal fort, indem wir einen Blick in die Psalmen werfen.

Poesie des Vertrauens

Wie wir gesehen haben, endet Moses Zusammenbruch in der Wildnis in einem verzweifelten Aufschrei zu Gott. Mose zeigt, wie sehr ihn die Last der Situation erdrückt. „Ich halte das nicht mehr aus. Es ist zu viel für mich." Auch in den Psalmen von David finden wir diesen verzweifelten Tenor von Moses Gebet wieder. David wird als junger Mann zum nächsten König von Israel gesalbt. Aber schon bald laufen die Dinge aus dem Ruder, als der herrschende König Saul krankhaft eifersüchtig wird, weil David sich beim Volk zunehmender Beliebtheit erfreut und große militärische Erfolge feiert. Es folgt eine ausgesprochen chaotische Zeit, in der Davids Leben oft am seidenen Faden hängt, weil Saul ihm nachstellt und ihn jagt. David verbringt viele Jahre seines Lebens auf der Flucht.

Als David nach Sauls Tod dann schließlich König wird, ist er erneut mit unzähligen Schwierigkeiten konfrontiert. Das Schlimmste ist wahrscheinlich ein beinah geglückter Putschversuch seines eigenen Sohns, Absalom. Davids verzweifelte Gebete, in denen er Gott sein Herz ausschüttet, sind in den Psalmen festgehalten. Sie sprechen von Angst und Hoffnung, von Verzweiflung und Glaube – eine Poesie des Vertrauens.

Zu Gott zu schreien ist eine Kunst – oder zumindest kann es das sein. Wenn wir durch die Psalmen blättern, vergessen wir vielleicht, dass es sich dabei eigentlich um Liedtexte handelt, die zu einer musikalischen Begleitung gesungen wurden. Viele dieser Lieder beinhalten in kunstvoller Poesie die Gebete abgekämpfter, erschöpfter und verletzter Menschen. Lebhafte Bildersprache, Metaphern und sprachlicher Rhythmus tragen die Enttäuschung des Beters zum Himmel.

Betrachten wir zum Beispiel Psalm 69. Statt einfach zu beten: „Gott, mir geht es echt mies und ich könnte wirklich deine Hilfe gebrauchen“, zieht David den Vergleich mit einem Ertrinkenden heran, um die Todesangst und die vollkommene Verzweiflung seiner Lage auszudrücken.

Rette mich, Gott,
das Wasser steht mir bis zum Hals!
Ich versinke im tiefen Schlamm;
meine Füße finden keinen Halt mehr.
Die Strudel ziehen mich nach unten,
und die Fluten schlagen schon über mir zusammen
(Verse 2–3).

David singt davon, dass das Wasser immer höher steigt und er keinen Boden mehr unter den Füßen hat. Er fängt an unterzugehen. In einem Meer von Schwierigkeiten schreit er zu Gott: „Gott, ich ertrinke!“ Er sucht das Ufer nach rettender Hilfe ab und schreit, bis er heiser ist. Kein Rettungsschwimmer in Sicht. Sein Gebet ist der Hilfeschrei eines Ertrinkenden.

Die Kraft dieser Poesie liegt in ihrer Zeitlosigkeit. Wir sagen, „wir ertrinken in Schulden“ oder „wir stecken bis zum Hals in Schwierigkeiten“, wenn uns alles zu viel wird. Viele kennen das Gefühl, von Trauer überrollt oder von einer Welle der Enttäuschung erfasst zu werden. Später greift David das Motiv noch einmal auf und fleht Gott um Hilfe an: „Ziehe mich aus dem Sumpf heraus, lass mich nicht versinken! Rette mich vor denen, die mich hassen! Zieh mich heraus aus dem reißenden Wasser“ (Vers 15).

Ein Erlebnis aus meiner Kindheit ist mir noch ganz deutlich in Erinnerung. Es ist eines der wenigen aus meiner Kindergartenzeit, an die ich mich noch erinnern kann. Ich plansche am flachen Ende eines großen Schwimmbeckens. Am gegenüberliegenden Ende befinden sich das Sprungbrett und dahinter das rote Gebäude mit den Umkleidekabinen. Ich wate langsam zum Seil, das den Nichtschwimmer- vom Schwimmerbereich trennt, aber der Boden des Beckens fällt schon vor dem Seil abrupt nach unten ab, und plötzlich versinke ich im Wasser. Voller Panik fange ich an zu strampeln. Ira, ein Freund meines Vaters, ergreift mich und zieht mich zum Rand des Beckens. Ich bin mir sicher, dass Ira diesen Vorfall schon längst vergessen hat. Aber ich bin mir genauso sicher, dass ich ihn nie vergessen werde. Ich kenne kein stärkeres Bild für Verzweiflung.

David benutzt sowohl die Musik als auch die Poesie, um seinen Problemen und seinem Vertrauen Ausdruck zu verleihen. Er spielt seine Probleme nicht herunter, sondern schreit zu Gott und fleht ihn an, Erbarmen mit ihm zu haben. Auch das ist die Poesie des Vertrauens. Das Lied erinnert uns daran, dass wir mit unseren Problemen nicht allein dastehen. Andere haben schon Ähnliches durchgemacht. Die Psalmen können uns eine Hilfe sein, um in schweren Zeiten ausdrucksstarke, ehrliche Gebete zu formulieren. Mit den Psalmen können wir sowohl unseren Schwierigkeiten als auch unserem Vertrauen Ausdruck verleihen.

Schauen wir uns auch einmal Psalm 55 an. Von Schwierigkeiten bedrängt und von einem engen Freund verraten, beschreibt David seine Sehnsucht nach Frieden anhand des Bildes eines davonfliegenden Vogels. Ich stelle mir vor, wie der König sich dem Fenster nähert und dabei eine Taube aufschreckt, die dort nistet. Wildes Flügelschlagen folgt und schon fliegt die Taube davon. Der verzweifelte David schaut zu, wie der Vogel in der Ferne immer kleiner wird. „Ich wünschte, ich wäre du", sagt er leise zu sich selbst, und schon ist ein Lied geboren.

Ach, hätte ich doch Flügel wie eine Taube,
dann würde ich an einen sicheren Ort fliegen! (Vers 6).

In seinem Gedicht verwendet David eine Vielzahl von Worten, um seine Notlage zu beschreiben: „Sorgen", „Bedrängnis",

„Todesangst“, „Furcht und Zittern“, „Schrecken“. Er hält mit seinen Emotionen nicht hinter dem Berg und wie Mose redet er ganz offen und ehrlich über seine Situation und seine Gefühle. David ist überwältigt und verängstigt und sehnt sich nach Ruhe. „Wenn mir doch nur Flügel wachsen würden und ich vor diesem ganzen Schlammassel davonfliegen könnte“, stöhnt er. Auch hier liegt die Ausdruckskraft der Poesie in ihrer Zeitlosigkeit. In dem Film „Forrest Gump“ führt die junge Jenny Forrest in das Maisfeld hinter dem Haus, in dem sie mit ihrem Vater lebt, der sie misshandelt. „Bete mit mir, Forrest“, fleht Jenny, während ihr betrunkener Vater herumbrüllt und im Maisfeld nach ihr sucht. Sie knien sich hin und Jenny betet: „Bitte, lieber Gott, mach aus mir einen Vogel, damit ich weit, weit wegfliegen kann.“

In den drei Jahrtausenden, die vergangen sind, seit David diese Verse übers Davonfliegen verfasste, haben die Menschen unzählige Male unter Druck gestanden und Situationen erlebt, in denen sie sich nach Rettung gesehnt haben. Manchmal wünschen wir uns, wir könnten vor unseren Problemen davonfliegen – vor der Vergangenheit, die uns verfolgt, oder vor der Einsamkeit oder einer lähmenden Depression. Lesen Sie einmal, wie das Lied Davids endet. Er mahnt den Zuhörer: „Überlass alle deine Sorgen dem Herrn!“ (Vers 23). Ein Vertrauensschritt. Ich glaube, die ist er in diesen Versen schon die ganze Zeit gegangen.

Gott mithilfe der Bibel anflehen

Psalmen wie diese verwandeln unverständliches Stöhnen in wortgewandte Gebete. Sie stehen uns zur Verfügung, und wir dürfen uns ihre Worte leihen, genau wie wir uns Moses Worte leihen dürfen, um Gott anzuflehen, wenn uns die Kraft und die Ideen fehlen, um unsere tiefsten Nöte in Worte zu fassen. Manchmal wollen wir Gott alles sagen, aber unsere Gefühle sind so durcheinander, dass uns die Worte fehlen. Oder wir sind wie betäubt und fühlen gar nichts mehr. Vielleicht sind wir in Not, aber wir versinken darin wie David. Wir finden keine Worte. Dann können wir uns an die Bibel halten.

1983 fing die Band „U2“ an, ihre Konzerte mit dem Lied „40“ und mit den Worten „How long to sing this song? – Wie lange singen wir noch dieses Lied?“ zu beenden. Das Lied – das zehnte und letzte auf ihrem Album „War“ („Krieg“) – ist eine freie Version von Psalm 40, den David verfasste. Gegen Ende des Liedes und des Konzertes ging die Band dann, einer nach dem anderen, langsam von der Bühne – zuerst Bono, dann Adam Clayton, Edge und schließlich Larry Mullen Jr. Aber das Lied war damit noch nicht zu Ende. Wenn alle die Bühne verlassen hatten, sangen die Zuschauer immer weiter: „Wie lange singen wir noch dieses Lied? Wie lange singen wir noch dieses Lied?“ Das ist eine Frage, die wir uns in der Wüste stellen.

In Psalm 13 wiederholt sich die gleiche Frage immer und immer wieder, wie Hammerschläge auf einen Nagel: „Wie lange noch?“, fragt David unablässig. „Herr, wie lange wirst du mich noch vergessen, wie lange hältst du dich vor mir verborgen? Wie lange noch sollen Sorgen mich quälen, wie lange soll der Kummer Tag für Tag an mir nagen? Wie lange noch wird mein Feind über mir stehen?" (Vers 2–3). Es ist die Frage derjenigen, die vom Warten müde sind, die sich verlassen und vergessen vorkommen. Haben Sie das schon einmal erlebt? Scheint Ihre Wüste kein Ende zu nehmen? Haben Sie das Gefühl, dass es nichts mehr gibt, auf das Sie sich noch freuen können? Haben Sie Gott schon einmal gefragt: „Wie lange noch?"

Während er auf Rettung wartet, klammert sich David an seine Überzeugung, dass Gott gut ist und bei ihm ist. Er bekennt:

Ich aber vertraue auf deine Liebe
und juble darüber, dass du mich retten wirst.
Mit meinem Lied will ich dich loben,
denn du hast mir Gutes getan (Vers 6).

Hinter diesen Worten steht der Gedanke, dass unsere Hoffnung auf die Zukunft in Gottes Güte zu uns in der Vergangenheit liegt. Gott war früher schon treu und er wird auch wieder treu sein. Das ist die Grundlage von Davids Vertrauen. Und das ist auch unsere Hoffnung. Der Psalm ermutigt uns, unsere Fragen, unser „Wie lange noch?" zu Gott zu bringen. Aber der Psalm ermutigt uns auch zu vertrauen, uns daran zu erinnern, wie treu und liebevoll Gott in der Vergangenheit zu uns war, und auch jetzt auf diese Liebe zu vertrauen. Davids Lied ist kein Lied der Verzweiflung, sondern der Hoffnung.

Können Sie den Unterschied erkennen zwischen den Gefühlen, denen David hier Ausdruck verleiht, und dem Schwall bitterer Worte der Israeliten, die in der Wüste klagen und jammern? David macht seinen Gefühlen, seiner Verletzung und seiner Verwirrung durchaus deutlich Luft, aber er ist auch entschlossen zu vertrauen. Er verharmlost den Konflikt, in dem er steht, nicht, aber er fleht Gott an, ihm in seiner Gnade zu helfen. In den Herzen der Menschen, die uns in der Bibel begegnen – David, Jeremia und andere –, finden wir beides, Verzweiflung und Vertrauen – und das ist auch bei uns nicht anders.

Sich Gott zuwenden

Als ich meinem Freund Bill, der immer noch um seinen Vater trauerte, riet, sich ein paar Tage zurückzuziehen und in den Psalmen zu lesen, forderte ich ihn ebenfalls auf, nach Bildern und Vergleichen zu suchen, die in seine Situation passten. Ich riet ihm, mithilfe der Psalmen seine eigenen Gebete zu formulieren. Als ich ihm diesen Rat gab, konnte ich ihm nicht versprechen, dass er durch diese Übung einen geistlichen oder seelischen Durchbruch erleben würde. Ich hatte nur so eine Ahnung, dass das eine gute Übung sein könnte und dass er so zumindest auf Gott zugehen würde.

Einige Wochen später traf ich Bill zufällig und erfuhr, dass er meinen Rat befolgt hatte. Er hatte sich in eine Hütte zurückgezogen und mithilfe der Psalmen sein eigenes Gebet formuliert, um seinem Schmerz und seiner Hoffnung, seiner

Enttäuschung und seinem Vertrauen Ausdruck zu verleihen. Und dann geschah etwas Gewaltiges: Seine negativen Gefühle verschwanden zwar nicht völlig, aber er kam einen großen Schritt voran. Ein Knoten löste sich. Das Abfassen eigener Gebete erwies sich als sehr wirksame Übung, um den Schmerz der vergangenen Jahre zu Gott zu bringen, sich mit der Trauer auseinanderzusetzen und sein Vertrauen und seine Hoffnung darauf neu zu bestätigen, dass Gott treu ist.

Ein ehrliches Gebet kann viel bewirken. Als Mose in der Wüste vom wütenden Volk umringt ist, das Nahrung verlangt, die er ihm nicht geben kann, spricht er ein ehrliches Gebet. Er kann die Leitungsverantwortung nicht mehr alleine tragen und bringt seinen Schmerz zu Gott. Damit ist er in der richtigen Richtung unterwegs. Ein Gespräch mit Gott wird in Gang gesetzt. Die Beziehung wird enger. Als er seine Hände öffnet, um seinen Frust und seine Sorgen loszulassen, wird er dadurch gleichzeitig bereit, Gottes Fürsorge zu empfangen. Und wenn wir ehrlich beten, können wir das auch.

Teil 3

Gottes Fürsorge

Kapitel 7

Nicht mehr alleine

Brent und Sonia sind schon seit über zehn Jahren Freunde unserer Familie. Sie haben vier Kinder. Kaci, die siebzehn ist, ist stark autistisch. Sie spricht sehr wenig, verständigt sich aber so gut sie kann mit einer Mischung aus Ein-Wort-Sätzen und Zeichensprache. Kaci ist ein sehr hübsches Mädchen. Aber sie hat es auch faustdick hinter den Ohren. Als kleines Kind aß sie mit einer Begeisterung, dass man sie und das Haus jeden Tag von oben bis unten sauber machen musste. Sie ging um acht Uhr abends ins Bett, stand aber um zwei Uhr morgens wieder auf. Jetzt, als Teenager, trägt sie immer noch Windeln und läuft ohne Vorwarnung auf die Straße. Sie schlägt um sich, tritt, beißt und schreit sich durchs Leben. Kaci ist für sich selbst und andere eine Gefahr.

Manchmal erscheint Brents und Sonias Weg kräftezehrend und düster. Aber wenn man ihre Familie beobachtet, ist sie auch ein Zeugnis für Gottes Gnade. In einer Zeit voller Zerreißproben, großer Erschöpfung und Flehen zu Gott haben sie sich immer wieder auf seine Fürsorge verlassen.

Wenn sie ihre Geschichte erzählen, fällt mir auf, wie sehr sich die befreiende Hoffnung Gottes wie ein roter Faden durch ihr Familienleben und ihre Erlebnisse mit Kaci zieht. Gottes

Gnade war in all den Jahren ebenso überwältigend wie ihr Kummer und ihre Erschöpfung. Gott wusste, was es sie kosten würde, für Kaci zu sorgen, und dass sie sich oft müde, schwach und leer fühlen würden. Er schenkte ihnen deshalb auf ihrem schwierigen Weg seine Gnade, Liebe und seinen Segen auf eine Art und Weise, wie ihn nur Eltern von Kindern mit besonderen Handicaps erleben können.

Brent und Sonia haben für Kacis körperliche und seelische Gesundheit und ihre Heilung gebetet. Aber sie haben Gott auch um Kraft angefleht – für sich selbst als Eltern und ganz besonders für ihre anderen drei Kinder. Über die Jahre haben sie immer wieder seine Fürsorge erlebt. Es hätte durchaus passieren können, dass die älteren Kinder rebellisch werden, weil sie nicht so viel Aufmerksamkeit erhalten, aber Gott hat ihre Herzen für Kaci und für sich selbst geöffnet. Jedes der Kinder hat vor dem Hintergrund seiner Erfahrungen mit Kaci seine eigene Geschichte mit Gott. Ihr Sohn Kirk hat einen Abschluss in Psychologie und arbeitet mit Kindern, die besondere Bedürfnisse haben, an einer weiterführenden Schule in Illinois. Erin macht einen Abschluss in Soziologie und arbeitet mit gehandicapten Schülern in einem Schulbezirk in Michigan. Tori beginnt demnächst ihr Studium und will auch „irgendetwas“ mit benachteiligten Kindern machen. Alle drei sind leidenschaftliche, engagierte Nachfolger Jesu. Sie sind in einem Umfeld aufgewachsen, in dem sie gelernt haben, sich mit ihren Nöten an Gott zu wenden, und sie haben erlebt, dass er ihnen Frieden geschenkt und sie geführt hat.

Brent ist überzeugt, dass Gott ihnen mit Kaci auch seine Fürsorge und Liebe gegeben hat. Seine Familie hat schon eine ganze Reihe von ungeheuer harten Zeiten durchgemacht und war oft einsam. Aber Gott hat ihnen an ihren Tiefpunkten immer wieder neue Freude und Hoffnung geschenkt. Auch wenn seine Kinder im Land zwischen Aufbruch und Ankunft unterwegs sind, sorgt Gott für sie.

Lasten teilen

Schauen wir noch einmal bei Mose vorbei. Das Zeltlager ist in Aufruhr. Weil sie das Manna satthaben und von der reichen Auswahl an Gemüse und Fisch in Ägypten träumen, hat das Volk von Mose gefordert: „Gib uns Fleisch zu essen!" (4. Mose 11,13). Mose ist am Ende und schreit zu Gott: „Ich kann die Verantwortung für dieses Volk nicht länger allein tragen. Ich halte es nicht mehr aus!" (Vers 14). Die Last der Verantwortung übersteigt seine Kräfte. Nun stellt sich die Frage, was Gott seinem erschöpften Diener antworten wird.

Ich habe die Hoffnung, dass Gott Verständnis für Mose haben und ihm gnädig sein wird. Ich hoffe, dass Gott ihm die erdrückende Last abnimmt. Es geht mir dabei nicht nur um Mose, sondern ich hoffe, dass Gott auch für uns sorgt, wenn wir ausgelaugt, entmutigt und weit über unsere Kräfte belastet sind. Hören wir, was Gott Mose antwortet.

Such unter den Ältesten Israels siebzig Männer aus! Nimm Leute, die als zuverlässige Anführer des Volkes bekannt sind. Bring sie zum heiligen Zelt, und stell dich mit ihnen dort auf! Denn ich will herabkommen und mit dir sprechen. Ich werde etwas von meinem Geist, der auf dir ruht, nehmen und auf sie legen. Sie sollen von nun an die Last mit dir teilen. Du musst die Verantwortung für das Volk nicht mehr allein tragen (Verse 16–17).

Sehen Sie? Gott ist der gleichen Meinung wie Mose. Gott verwendet in seiner Antwort das gleiche Bild wie Mose in seiner Klage. Mose stöhnt: „Ich kann die Verantwortung für dieses Volk nicht länger allein tragen. Ich halte es nicht mehr aus!" Gott vervielfacht die Zahl der Anführer und sagt zu Mose: „Sie sollen von nun an die Last mit dir teilen. Du musst die Verantwortung für das Volk nicht mehr allein tragen." Gott reagiert auf Moses verzweifeltes Flehen, indem er sagt: „Du hast recht, die Last ist zu schwer für dich. Ich werde für Abhilfe sorgen und dir andere zur Seite stellen, die die Last mit dir teilen." Gott verteilt die Last auf mehrere Schultern.

Gott ruft Mose und die Ältesten zum heiligen Zelt. Dieses Zelt, in dem die Bundeslade steht – die Truhe, in der die Gesetzestafeln mit den Zehn Geboten liegen –, wird auch oft als Stiftshütte bezeichnet. Es handelt sich dabei um einen beweglichen Ort der Anbetung, der zwischen den Zelten der Israeliten steht und die Gegenwart Gottes unter seinem Volk symbolisiert. Gott weist Mose an, siebzig Älteste dort hinzubringen, Männer, die allgemein für ihre Führungsfähigkeiten bekannt sind.

Offensichtlich war Mose ganz besonders mit dem Geist Gottes ausgestattet worden, als er zum Anführer des Volkes berufen worden war. Während diese siebzig Ältesten mit Mose vor der Stiftshütte stehen, offenbart Gott seine Absicht,

„herabzukommen und mit Mose zu sprechen". Dann nimmt Gott von seinem Geist, der auf Mose ruht, und verteilt ihn auf die siebzig Ältesten, wodurch die Anzahl der von Gott befähigten Leiter vervielfacht wird. Weil er großzügig ist und gern gibt, sorgt Gott für diesen mutlosen Leiter und für das Volk. Das sollte alle, die gerade selbst das Land zwischen Aufbruch und Ankunft durchqueren, zu der Frage veranlassen: Was ist, wenn Gott das heute immer noch tut? Was ist, wenn Gott gern für uns sorgt?

Gottes Flüstern

Meine Mutter starb am 30. November. Damit hatte mein Vater seine Frau und fünf Kinder – alle noch jünger als vierzehn – hatten zwischen Thanksgiving und Weihnachten ihre Mutter verloren. Die Feiertage machten unsere Trauer nur noch schlimmer.

Als es auf Weihnachten zuging, kam eines Tages ein großes Paket bei uns an. In dem Paket lagen lauter einzeln eingepackte Weihnachtsgeschenke von einer Gemeinde im Mittleren Westen, die unsere Familie kannte und wusste, was wir gerade durchmachten. Auf einer beigelegten Karte an meinen Vater stand: „Mach dir dieses Jahr keine Gedanken um die Weihnachtsgeschenke für die Kinder. Wir wollen dafür sorgen, dass sie welche bekommen."

Einige Tage später kam noch einmal ein großes Paket, das ebenfalls einzelne Weihnachtsgeschenke enthielt. Auch die kamen von einer Gemeinde im Mittleren Westen und wieder stand auf einer liebevoll beschriebenen Karte: „Mach dir keine Sorgen um die Weihnachtsgeschenke für deine Kinder. Wir kümmern uns darum."

Als wir ein oder zwei Tage später noch einmal ein großes Paket mit Geschenken bekamen, dachte ich: *Hoffentlich erfahren diese Gemeinden nichts voneinander.*

Dann bekamen wir einige Tage nach Weihnachten noch Geschenke von einer vierten Gemeinde. Sie entschuldigten sich vielmals, weil die Geschenke zu spät kamen, aber ich war außer mir vor Freude! Es war, als hörte Weihnachten in diesem Jahr gar nicht auf.

Natürlich konnten uns die Geschenke unsere Trauer nicht nehmen, aber es war, als würde Gott uns durch die Pakete und das Mitgefühl der Menschen, die uns diese schickten, zuflüstern: „Ich bin da. Ich weiß, was ihr durchmacht. Ich weiß es und ich sorge für euch. Ich habe euch nicht vergessen." Uns ging es nicht auf einmal wieder gut, und meine Aufgewühltheit war nicht plötzlich wieder verschwunden, weil ich einen Football und Spielzeugautos bekommen hatte. Es war trotzdem noch alles ziemlich schlimm. Aber Gott erinnerte unsere Familie daran, dass sie in ihrer Trauer nicht allein war.

Gottes liebevolle Sorge

Zum dritten Mal in drei Jahren müssen sie alles wieder auspacken. Die Wohnung im zweiten Stock steht voller Umzugskartons. Diesmal zahlen sie monatlich Miete. Sie haben beschlossen, kein Haus mehr zu kaufen, falls es doch nur einer von vielen weiteren Zwischenstopps sein wird. Morgen wird wieder die Telefoniererei losgehen – sie brauchen einen neuen Hausarzt, die Kinder müssen in der neuen Schule angemeldet werden, und sie sind auf der Suche nach einer neuen Gemeinde. Pam fühlt sich so schrecklich erschöpft, wenn sie darüber nachdenkt, wieder neue Freunde finden zu müssen, und sie fragt sich, ob sich die Mühe überhaupt lohnt. Soll sie die Kiste mit den Familienfotos überhaupt auspacken? Lohnt es sich überhaupt, sie aufzuhängen, um die Wohnung ein bisschen heimeliger zu machen? Sie hört, wie es an der Tür klopft, und als sie öffnet, steht eine Nachbarin mit einem Teller voll Kekse vor der Tür, um sie willkommen zu heißen. Es ist, als würde Gott ihr zuflüstern: „Ich weiß, dass du erschöpft bist, und ich sorge mich um dich."

Eine Frau sitzt im Wartezimmer einer Beratungspraxis und fürchtet sich vor dem Seelenstriptease, der auf sie zukommt, wenn die Tür wieder aufgeht und ihr Name aufgerufen wird. Abwesend blättert sie in einer Zeitschrift und vermeidet jeden Blickkontakt. „Was ist, wenn mich hier jemand erkennt?" Sie fragt sich, ob die anderen wohl merken, weshalb sie hier ist. Die Erinnerungen an den Missbrauch und ihre Gefühle sind mit der Zeit immer stärker geworden, nicht schwächer. Sie beeinträchtigen die Beziehung zu ihrem Mann und machen auch eine enge Gottesbeziehung unmöglich. Als die Tür aufgeht und eine fröhliche Stimme ihren Vornamen ruft, legt sie die Zeitschrift zur Seite und macht sich auf den Weg der Heilung. Aus dem Mund eines geschulten Seelsorgers wird sie die Worte ihres himmlischen Vaters hören, der sie sehr liebt: „Ich liebe dich von Herzen. Ich will, dass du wieder heil wirst."

Auf unserem Weg durch das Land zwischen Aufbruch und Ankunft versorgt Gott uns vielleicht mit dringend benötigten finanziellen Mitteln. Aber er wird uns ebenfalls Zufriedenheit schenken, damit wir auch ohne viele Annehmlichkeiten ein fröhliches Leben genießen können. Ich glaube, Gott liebt es, uns genau zum richtigen Zeitpunkt genau das zu geben, was wir brauchen.

Vielleicht sorgt er dafür, dass uns genau im richtigen Moment eine ermutigende E-Mail erreicht. Oder wenn keine Freunde da sind, spricht er vielleicht uns durch eine Predigt an, die auf unsere Situation zugeschnitten ist und uns Hoffnung gibt. Und plötzlich wissen wir, dass Gott genau in unser Leben spricht.

Vielleicht gibt Gott uns Stunde um Stunde die Kraft, geduldig für unsere Kinder zu sorgen, obwohl wir innerlich fast zerbrechen. Oder er schickt uns jemanden, der einen Nachmittag lang auf die Kinder aufpasst, damit wir ausspannen können, ohne dass ein Kleinkind unsere Aufmerksamkeit fordert. Vielleicht schenkt er uns in schwierigen Zeiten inneren Frieden. Was auch immer wir brauchen, Gott gibt es uns gerne – er sorgt immer für uns. Und dabei weiß er ganz genau, wer wir sind und was wir brauchen. Er sorgt sich um uns. Denken Sie an Petrus' Worte. Wir werfen unsere Sorgen auf ihn, weil er für uns sorgt.

Gottes Nähe suchen

Mose erlebt Gottes liebevolle Fürsorge in der Wüste. Als er unter einer Last zusammenzubrechen droht, die zu schwer für ihn ist, ruft Gott ihn zu sich in die Stiftshütte, den Ort seiner Gegenwart. Dort erfährt er Gottes Hilfe, der in seiner Gnade die Last auf zusätzliche Schultern verteilt.

Gott ruft auch uns zu sich. „Komm zu mir. Rufe zu mir. Schütte mir dein Herz aus. Komm zu mir, damit ich für dich sorgen kann. Komm und nimm meine Hilfe an." Diese Einladung, in Gottes Nähe zu kommen, schenkt uns Hoffnung – *er* ist unsere Hoffnung. Wir kommen zu ihm, um seinen Trost in unserem Verlust zu erfahren, seine Nähe in unserer Verlassenheit und seine sichere, allmähliche Heilung in unserer Trauer. Er ist der Gott, der für uns sorgt. Er weiß, was wir brauchen, auch wenn wir es nicht wissen. Und er weiß, wie er es uns geben will.

Kapitel 8

Der Gott, der uns sieht

Das Schwarz-Weiß-Bild stammt aus dem Jahr 1961. Vor den Hügeln steht mein Vater neben meiner Mutter, die ein Baby im Arm hält – meine Schwester Julie. Mein Vater trägt ein kurzärmeliges, weißes Hemd und eine Baumwollhose. Er ist dünn. Meine Mutter trägt einen dunkel gemusterten, wadenlangen Rock und eine weiße Bluse. Julie ist erst ein paar Monate alt und trägt einen kleinen Sonnenhut, um ihr Gesicht zu schützen. Sie trägt Söckchen mit Rüschen und hat stämmige Beinchen. Da zwischen ihrer Geburt und meiner nur dreizehn Monate liegen, ist meine Mutter schon mit mir schwanger. Sie trägt eine Brille und lächelt in die Kamera. Meine Eltern sehen so unglaublich jung aus. Obwohl er schon Anfang zwanzig ist, könnte mein Vater wahrscheinlich noch als Oberstufenschüler durchgehen.

Damals gehörten nur zwei oder drei Familien zu der Gemeinde, die sie im Südosten von Idaho gegründet hatten, und sie war daher nicht in der Lage, meine Eltern finanziell zu unterstützen. Die beiden hatten eine winzige Wohnung, die an die Kirche angebaut war, und wurden als Missionare von anderen Gemeinden unterstützt – mit insgesamt 150 Dollar im Monat. Würde man behaupten, dass sie knapp bei Kasse waren, wäre das noch untertrieben. Es waren Jahre ungeheurer finanzieller Engpässe – sie befanden sich im Leben zwischen Aufbruch und Ankunft –, aber auch wertvolle Jahre, in denen ihr Vertrauen auf Gott wuchs. Im Glauben an Gott zu leben war für sie kein abstrakter biblischer Begriff, sondern Alltag.

Vor etwa zwölf Jahren hat mein Vater für jedes von uns Kindern eine Geschichte aus diesen ersten Jahren seiner Gemeindearbeit aufgeschrieben. Sein Brief kam am Valentinstag, und ich vermute, dass er diese Gedanken aufgeschrieben hat, um ein Stück unserer Familiengeschichte an uns weiterzugeben, die uns zeigt, wie treu Gott in einer Zeit finanzieller Not war. Solche Geschichten gehen oft verloren, aber sein Brief hat dieses Erlebnis für seine Kinder und Enkelkinder festgehalten. Es ist eine wunderschöne Geschichte über Gastfreundschaft, Mangel und Gottes Fürsorge.

An einem wunderschönen Julinachmittag während dieser schwierigen Zeit, in der dieses Bild gemacht wurde, kamen drei Besucher zu meinen Eltern – ich glaube, es waren Studenten –, die quer durch Amerika reisten und unterwegs eine Unterkunft suchten. Mein Vater kannte zwei der Studenten aus seiner Heimatgemeinde in Michigan. Meine Eltern freuten sich, für ein paar Tage Gesellschaft zu haben, aber sie hatten kaum genug zu essen für sich selbst, geschweige denn für Gäste. Sie waren gerade einkaufen gewesen und hatten das Nötigste mitgebracht, unter anderem ein großes Hühnchen für den kommenden Sonntag. Als ihre Gäste eintrafen, waren es noch zwei oder drei Tage bis zum Wochenende. Meine Eltern sprachen darüber, was sie ihren Gästen zu essen vorsetzen sollten, und beschlossen, das Hühnchen zu braten. Sie gingen davon aus, dass aber noch die Hälfte davon übrig bleiben würde, da das Hühnchen recht groß war. Falsch gedacht. Nach dem Abendessen waren von dem Hühnchen nur noch die Knochen übrig. Als ihre Gäste weiterzogen, hatten meine Eltern weder Geld noch Lebensmittel übrig.

Meine Eltern waren überzeugt, dass es immer richtig war, gastfreundlich zu sein, so gut sie nur konnten, ganz besonders gegenüber anderen Christen, die eine Unterkunft und etwas zu essen brauchten. Und entsprechend hatten sie auch gehandelt – aber was würde Gott jetzt tun? Mein Vater berichtete uns, dass er und Mutter zusammen beteten und darauf vertrauten, dass Gott ihrer Not irgendwie Abhilfe leisten würde.

Als ihre Gäste gegangen waren, erhielten sie am gleichen Abend noch mehr Besuch. Es waren Freunde aus dem kleinen Bauerndorf Aberdeen in Idaho, nicht weit von dort, wo meine Eltern wohnten. Mit der Zeit gehörte dieses Ehepaar zu den engsten Freunden meiner Eltern. Als sie kamen, sagten meine Eltern ihnen nichts von ihrer finanziellen Notlage und auch nicht, dass sie ihre letzten Lebensmittel bereits mit anderen Gästen geteilt hatten.

Als ihre Freunde wieder aufbrachen, meinten sie: „Kommt doch bitte mit uns hinaus zum Wagen. Wir haben ein paar Sachen von der Farm mitgebracht, die wir euch hierlassen möchten." Die Freunde meiner Eltern fingen an, das Auto auszuladen, und meine Eltern trauten ihren Augen kaum. Irgendwie hatte Gott diesen Freunden genau an diesem Tag meine Eltern ans Herz gelegt. Sie schenkten ihnen einen Zentner Kartoffeln, frisches Gemüse, vier Dutzend Eier, und ob Sie es glauben oder nicht: vier Hühnchen, die alle größer waren als das, was sie gerade ihren Gästen vorgesetzt hatten.

Mein Vater kann sich nicht mehr so genau an die Einzelheiten erinnern, weil es schon Jahrzehnte her ist, aber er glaubt, dass sie ihnen sogar Geld gaben, damit sie über die Runden kamen. Meine Eltern erzählten den beiden von ihrer Notlage und was an diesem Tag geschehen war und erklärten ihnen, dass sie Gottes Antwort auf ihr Gebet waren.

Als mein Vater diese Geschichte aufschrieb, beendete er sie mit folgenden Sätzen: „Dieses Ehepaar ist schon seit vielen Jahren im Himmel. Aber ihr Geschenk, ihre Großzügigkeit und ihre Bereitschaft zu teilen – nicht nur mit uns, sondern auch mit anderen Christen überall – werden uns für immer im Gedächtnis bleiben."

Es gibt Zeiten, in denen Gott zulässt, dass wir leiden – wie bei den Israeliten und bei Mose. Dabei kann es sich um körperliche Probleme, seelische, geistliche oder materielle handeln oder um zwischenmenschliche Schwierigkeiten. Solche Nöte können uns entweder entmutigen und lähmen, oder sie treiben uns in Gottes Gegenwart, wo wir ihn bitten, uns zu führen und für uns zu sorgen. Gott sieht uns – er sieht alles an uns. Er kennt unsere Not. Und wir können ihm vertrauen. Er will, dass wir lernen, auf seine Fürsorge zu vertrauen.

„Ich habe dich gesehen“

Schon bevor Gott Mose in der Wüste half, wusste Mose, dass Gott ein fürsorglicher Gott ist. Als Mose berufen wurde, nach Ägypten zurückzugehen und das Volk aus der Sklaverei zu führen, hatte der Gott seiner Vorfahren aus dem brennenden Dornbusch, der nicht verbrannte, zu ihm gesprochen. Aus Angst verbarg Mose sein Gesicht. Die Stimme aus dem brennenden Busch sagte: „Ich bin der Gott deiner Vorfahren, der Gott Abrahams, Isaaks und Jakobs“ (2. Mose 3,6). Und dann folgte die Begründung, weshalb Gott Mose berief, nämlich seine große Sorge und sein Mitgefühl mit den Kindern Jakobs, die als Sklaven unterdrückt wurden. Gott sagte: „Ich habe gesehen, wie schlecht es meinem Volk in Ägypten geht, und ich habe auch gehört, wie sie über ihre Unterdrückung klagen. Ich weiß, was sie dort erleiden müssen“ (Vers 7).

Ich frage mich, ob Mose bei diesen Worten wohl geweint hat. Die Schreie des Volkes waren bis zu Gott gedrungen und hatten den Schöpfer bewegt. „Ich habe gesehen … ich habe gehört … ich weiß …“ Ich glaube, dass solche Worte eine ungeheure Kraft haben, wenn jemand sie zu uns sagt, wenn wir unseren Weg aus den Augen verloren haben oder in Schwierigkeiten stecken. Hin und wieder habe ich diese Worte schon einmal zu meiner Gemeinde gesagt und sie aufgefordert, sie als die Worte ihres himmlischen Vaters anzunehmen, die er in ihren Schmerz und ihre Konflikte hineinspricht. „Ich habe euer Elend gesehen. Ich habe eure Schreie gehört. Und ich weiß von eurer Notlage.“

Im Neuen Testament wird davon berichtet, dass Jesus den Menschen während seiner Predigt auf dem Berg folgende Frage stellt: „Weshalb macht ihr euch so viele Sorgen um eure Kleidung?“ (Matthäus 6,28). Jesus benutzt Beispiele aus der Natur und zieht einen Vergleich zu den Lilien auf den Wiesen. Ich stelle mir vor, wie Jesus auf Wildblumen zeigt und sagt:

Seht euch an, wie die Lilien auf den Wiesen blühen! Sie können weder spinnen noch weben. Ich sage euch, selbst König Salomo war in seiner ganzen Herrlichkeit nicht so prächtig gekleidet wie eine dieser Blumen. Wenn Gott sogar das Gras so schön wachsen lässt, das heute auf der Wiese grünt, morgen aber schon verbrannt wird, wie könnte er euch dann vergessen? Vertraut ihr Gott so wenig? (Verse 28–30).

Jesus vergleicht die Schönheit der Blumen mit dem üppigen Schmuck Salomos, dem Sohn Davids und König Israels. Bei allem Reichtum konnten Salomos Kleider doch nicht mit der Schönheit der Wildblumen mithalten. Die Garderobe des Königs reichte nicht an die übernatürliche Schönheit von Gottes Schöpfung heran. Und dann stellt er eine Frage, die unter die Haut geht: „Wenn Gott sogar das Gras so schön wachsen lässt, das heute auf der Wiese grünt, morgen aber schon verbrannt wird, wie könnte er euch dann vergessen? Vertraut ihr Gott so wenig?“ (Vers 30).

Egal, in welcher Situation Sie stecken – eine chronische Erkrankung, eine finanzielle Krise, familiäre Probleme, eine ungewisse berufliche Zukunft, eine tiefe Depression, ein schmerzhafter Verlust –, werden Sie einen Augenblick still, und hören Sie, wie der Schöpfer selbst Ihnen zuflüstert: „Sorge dich nicht. Ich sehe dich. Ich höre dich. Vertrau mir. Glaub an mich. Ich weiß, wie es um dich steht."

Er sieht uns, wenn wir in der Wüste sind

Wenden wir uns für einen Augenblick wieder Abraham und seiner Pilgerreise zu. Er und seine Frau Sara warten auf die Erfüllung von Gottes Verheißung, nämlich dass aus ihnen eine ganze Nation wird. Ein Jahrzehnt ist vergangen und Sara ist immer noch nicht schwanger. Das ältliche Ehepaar, das schon längst aus dem Alter heraus ist, in dem man Kinder bekommt, hat immer noch keinen Nachkommen. Nach einem Jahrzehnt des Wartens schlägt die alternde Sara ihrem über achtzigjährigen Mann vor: „Ich habe doch eine ägyptische Sklavin, die heißt Hagar. Ich überlasse sie dir, vielleicht wird mir durch sie ein Kind geboren!" (1. Mose 16,2). Diese Art der stellvertretenden Mutterschaft ist damals im Nahen Osten weit verbreitet. Aber obwohl es kulturell gesehen normal ist, ist es offensichtlich ein Vertrauensbruch gegenüber Gott, dass Abraham und Sara versuchen, die verheißene Nation auf diese Weise zu bauen. Saras Verhalten ist durchaus verständlich. Wir schmieden oft irgendwelche Pläne, wenn wir nicht länger warten wollen. Manchmal funktionieren diese Pläne ganz gut. Aber manchmal geht die Sache auch nach hinten los, und unsere ohnehin schon schwierige Situation wird noch komplizierter, weil wir die Sache aus lauter Ungeduld selbst in die Hand genommen haben.

Die Folgen von Saras Vorschlag werden in der Bibel kurz und knapp beschrieben: „Er schlief mit Hagar und sie wurde schwanger“ (Vers 4).

Der Leser der Geschichte wird nicht im Unklaren darüber gelassen, was in Hagar vorgeht, als sie entdeckt, dass sie schwanger ist. Als Hagar mit Abraham schläft, ändert sich dadurch ihre Stellung. Bis dahin ist sie einfach nur Saras Sklavin. Aber jetzt haben die beiden den gleichen Mann. In gewissem Sinn ist Hagar jetzt ebenfalls Abrahams Frau, was ihren Status hebt. Durch die Schwangerschaft fühlt sie sich darüber hinaus Sara überlegen und hier beginnt das Drama: „Als Hagar wusste, dass sie schwanger war, sah sie auf ihre Herrin herab“ (Vers 4). Ob Hagar ihre Herrin wohl herablassend angelächelt hat, als wollte sie sagen: „Ich bin schwanger und du nicht. Ich bekomme sein Kind – das hast du nie geschafft“?

In „Julie & Julia“ spielt Meryl Streep die Rolle der Julia Child. In einer Szene geht sie mit ihrem Mann auf einer Allee in einem Pariser Park spazieren. Ein Ehepaar mit einem Kinderwagen geht in die entgegengesetzte Richtung an ihnen vorüber. Julia wirft einen Blick in den Kinderwagen und plötzlich verfinstert sich ihr Gesichtsausdruck. In diesem Augenblick nimmt ihr Mann ihre Hand, mit der sie sich bei ihm eingehakt hat, küsst sie und streichelt sie liebevoll. Innerhalb weniger Momente wird hier die Tragik ihrer Unfruchtbarkeit geschildert. Ganz ohne Worte werden hier auf einzigartige Weise der Schmerz der Kinderlosigkeit und die zärtliche Geste eines Ehemannes dargestellt, der versucht, die plötzlich auftretende Sehnsucht zu lindern.

Wenn schon solche dezenten Erinnerungen an die eigene Kinderlosigkeit so tiefe Gefühle wecken können, wie muss es dann Sara ergangen sein, die so offensichtlich verhöhnt wird? Sara ist wütend und fängt an, Hagar sehr schlecht zu behandeln, woraufhin diese davonläuft. Mir fällt es schwer, in dieser Geschichte einen Helden zu finden, denn alle tragen eine Teilschuld an der Situation. Hagar ist arrogant und herablassend, Sara ist grausam, und Abraham tut schlicht gar nichts. Keiner ist hier unschuldig. Die Situation ist ein einziges Chaos.

Aber jetzt nimmt die Geschichte eine überraschende Wendung. Man würde wahrscheinlich davon ausgehen, dass sich der Fokus jetzt wieder auf Abraham und Sara richtet, nachdem Hagar davongelaufen ist. Aber stattdessen bleibt das Augenmerk auf die schwangere Hagar gerichtet, die sich jetzt in der Wüste befindet. Es wird berichtet, dass der Engel des Herrn Hagar an einer Quelle findet und ihr verkündet: „Du wirst einen Sohn bekommen. Nenne ihn Ismael, denn der Herr hat gehört, wie du gelitten hast" (Vers 11).

Der Engel verkündet Hagar, dass sie einen Jungen bekommen wird und dass sie ihn Ismael nennen soll, was so viel heißt wie „Gott hört". Die Bedeutung des Namens wird im nächsten Satz erklärt: „Der Herr hat gehört, wie du gelitten hast."

„Hagar, Gott kennt deine Tränen und das Durcheinander in deinem Leben. Er weiß, dass du von Sara schlecht behandelt wurdest. Hagar, Gott hört dich."

Und dann macht die entlaufene Sklavin etwas Seltsames: Sie gibt Gott einen Namen. „Darum gab sie dem Herrn, der mit ihr gesprochen hatte, den Namen: ‚Der Gott, der mich anschaut'" (Vers 13).

Wer ist der Gott, der Abraham aufgefordert hatte, sein Zuhause, seine Kultur, sein Volk und sein Land zurückzulassen? Es ist der Gott, der hört. Es ist der Gott, der sieht. Es ist der Gott, der sich für die Zurückgewiesenen, die Ungeliebten und die Misshandelten einsetzt.

Die Israeliten, die in der Wüste festsitzen, kennen Abrahams Geschichte – und sie kennen auch diese spezielle Geschichte. Sie wissen, dass Gott sich Hagar als „der Gott, der sieht" gezeigt hat. Sie selbst haben ebenfalls schon Gottes Fürsorge in den schwierigen Lebensbedingungen in der Wüste erlebt – als er ihnen einen Weg durchs Rote Meer gebahnt hat, sie durch eine Wolkensäule bei Tag und eine Feuersäule bei Nacht geführt hat, sie mit Nahrung und Wasser versorgt hat. Mose selbst, ihr Befreier, ihr Anführer, ist ein Beweis dafür, dass Gott sie gesehen und ihr Schreien gehört hat, als sie Sklaven in Ägypten waren. Die Israeliten haben Gott als den Gott, der sieht, erlebt, aber anders als Mose können sie in ihrem Herzen nicht an dieser Eigenschaft Gottes festhalten. Sie können ihm als dem Gott, der sieht, der für sie sorgt, der sich um sie kümmert und sie liebt, nicht vertrauen.

Wenn wir uns in dem Land zwischen Aufbruch und Ankunft befinden, haben wir oft das Gefühl, dass wir auf uns allein gestellt sind. Wir fühlen uns elend, kaputt, verlassen und hilflos. Aber Gott sieht und hört uns. Und er sorgt für uns, genauso wie er es für die Israeliten getan hat – und für Mose. Er sieht jeden, jederzeit. Hören Sie seine Stimme: „Ich sehe dich. Ich höre dich und ich kümmere mich um dich."

Kapitel 9

Das Herz des Vaters

Im Herbst 2008 gönnte ich mir den Luxus, mich für einige Tage aus der Gemeindearbeit zurückzuziehen und zum Studium und zum Nachdenken in eine Hütte am Lake Michigan zu gehen. Am späten Donnerstagnachmittag fuhr ich zu einem verspäteten Mittagessen in ein nahe gelegenes chinesisches Restaurant. Im Januar wollte ich anhand von Texten aus den Sprüchen eine Predigtreihe über den persönlichen Umgang mit Geld halten, deshalb hatte ich mir auch etwas zu lesen mitgenommen. Ich durchforstete die Sprüche auf der Suche nach Versen zum Thema „Geld verdienen, sparen, ausgeben und leihen" und vertiefte mich auch in einige Bücher über den persönlichen Umgang mit Finanzen. Ich hielt also ein Buch über private Haushaltsplanung in der einen und die Stäbchen in der anderen Hand.

Von meiner Nische aus hatte ich einen guten Blick auf einen Flachbildfernseher, auf dem eine Dauer-Nachrichtensendung von CNN lief. Der Ton war auf leise gestellt, aber eine große Laufschrift und Bilder übermittelten die Nachrichten. Wer im Fernsehen Nachrichten schaut, der weiß, dass dort vieles gleichzeitig ablaufen kann. Eine gutaussehende Sprecherin präsentiert Nachrichten, die auch gleichzeitig in den

Untertiteln nachzulesen sind. Rechts (oder links) erscheint ein weiterer Kasten mit Statistiken oder Bildern zum Thema. Ganz unten auf dem Bildschirm läuft eine Laufschrift mit aktuellen Meldungen durch, die gar nichts mit dem zu tun haben, was die Sprecherin oder der Sprecher bekannt geben. Und dann gibt es rechts unten noch das kleine Fenster mit den sich ständig aktualisierenden Börsenkursen. Alles läuft gleichzeitig ab.

Während ich so dasaß und mein Mittagessen kaute, nebenher mein Buch über Haushaltsplanung las und interessante Beispiele und Empfehlungen für den persönlichen Umgang mit Geld markierte, die vielleicht für die Predigtreihe hilfreich sein konnten, verbreitete der Fernseher unablässig schlechte Nachrichten aus der Wirtschaft. Es war Donnerstag, der 9. Oktober, genau ein Jahr nach dem Rekordhoch des Dow Jones (14.164). Doch in den Headlines dieses Tages hieß es: „Dow Jones fällt zum ersten Mal seit 2003 unter 9.000." Am Bildschirmrand erschien ein zusätzlicher Kasten, in dem man sehen konnte, wie der Dow Jones Sekunde um Sekunde fiel. Er fiel und fiel und fiel.

„Dow Jones fällt 38 % in einem Jahr", war in der neuen Bildunterschrift zu lesen. Während ich aß und las und fernsah, überlegte ich, welche Auswirkungen diese fallenden Kurse wohl auf mich haben würden. Zehn Jahre lang sparte ich jetzt schon mühsam für die Rente. Monat für Monat hatte ich treu etwas zur Seite gelegt, in der Hoffnung, dass es sich bis zu dem Tag, an dem ich dann nicht mehr würde arbeiten können, vermehren würde. Und während ich die Nachrichten schaute, rechnete ich ein wenig. *Der Dow Jones ist in einem*

Jahr um 38 Prozent gefallen, dachte ich. *Wenn meine Ersparnisse genauso gefallen sind wie der Dow Jones, dann habe ich nur noch etwa 60 Prozent von dem, was ich letztes Jahr hatte.* Ich bin jetzt Mitte vierzig und noch weit von der Rente entfernt, aber ich habe mich trotzdem gefragt, welche Auswirkungen das eines Tages auf mich haben würde. Dann dachte ich darüber nach, welche Auswirkungen das wohl auf das Leben, die Entscheidungen und den Lebensstil meiner Freunde haben würde, die jetzt Mitte sechzig waren.

An jenem Tag, an dem ich in dem chinesischen Schnellrestaurant saß, fiel der Dow Jones um 678 Punkte – umgerechnet 7 % – an einem einzigen Tag. Und das schon am siebten Tag in Folge. Während der gesamten Woche fiel er um insgesamt 17 %. Am nächsten Tag fiel er weiter. Ich hatte das Gefühl, dass die Predigtreihe, die ich gerade vorbereitete, an Aktualität gewonnen hatte.

Vier Tage später verkündete ein Werk von „General Motors“ am anderen Ende der Stadt, dass sie schließen mussten. Es war erst das erste einer ganzen Reihe von Unternehmen, die auf Kurzarbeit umstellten oder Personal reduzierten oder ganz schlossen, und das war bezeichnend für die ökonomische Situation in unserer Gegend. Dabei stand Grand Rapids noch besser da als viele andere Städte in der Region, die es weitaus härter traf.

Die Auswirkungen

Ganz praktisch gesehen bedeuteten die Zahlen im Fernsehen, dass viele Menschen, die jetzt Ende fünfzig waren und hinsichtlich ihrer Altersvorsorge gewisse Vorkehrungen getroffen hatten, ganz neu rechnen mussten.

Sie standen nun vor der Frage, ob sie jetzt bis Ende sechzig arbeiten mussten. Es bedeutete auch, dass viele von ihnen sich nicht aussuchen konnten, wann sie in Rente gehen wollten.

Vielen wurde „nahegelegt", in den vorzeitigen Ruhestand zu gehen, damit ihre Arbeitgeber jüngere, billigere Arbeitskräfte einstellen konnten – Menschen Anfang dreißig, die noch nicht über Jahrzehnte Lohnerhöhungen angesammelt und Anspruch auf mehrere Wochen Urlaub im Jahr hatten. Schul- und Studienabgänger würden bei ihrem Eintritt in die Arbeitswelt ganz andere Voraussetzungen vorfinden als ihre älteren Geschwister noch fünf Jahre zuvor.

Die Zahlen auf dem Bildschirm bedeuteten ebenfalls, dass die bisherige Rekordzahl an Zwangsversteigerungen noch weiter steigen würde. Je mehr Häuser zur Zwangsversteigerung angeboten werden, desto stärker fallen die Preise auf dem Immobilienmarkt. Bei vielen fällt damit der Wiederverkaufswert ihres Hauses unter den Wert ihrer Hypothek. Es kommt häufig vor, dass eine Familie wegen der Arbeitsmarktsituation umziehen muss, aber ihr Haus nicht verkaufen kann. Dadurch kommt es ebenfalls immer wieder vor, dass man es sich weder leisten kann, dort zu bleiben, wo man lebt, noch umziehen kann.

Obwohl es immer gilt, dass Gott aus unseren Wüstenzeiten etwas Gutes wachsen lassen kann, hat dieses Versprechen doch angesichts der gegenwärtigen Wirtschaftslage für viele von uns eine besondere Bedeutung. Der Verlust von Arbeitsplätzen im Produktionssektor, die hohen Arbeitslosenzahlen, unberechenbare Aktienkurse und der Einbruch am Wohnungsmarkt in Verbindung mit immer mehr Zwangsversteigerungen und Privatinsolvenzen bedeutet, dass sich immer mehr Menschen ungewollt in einer sehr schwierigen Situation befinden.

Die Erfahrung, dass man einerseits zwar Gewohntes hinter sich lassen muss, aber andererseits im Ungewissen darüber ist, wie es weitergeht, ist also sowohl ein zeitloses als auch ein hochaktuelles Phänomen.

„Ist etwa der Arm des Herrn zu kurz?"

Gott vervielfacht zwar die Zahl der Leiter, damit Mose die Führungsverantwortung nicht länger allein tragen muss, aber die ungelöste Fleischfrage stellt weiterhin ein beträchtliches Problem dar. Mose weiß immer noch nicht, wie er der akuten Manna-Krise und den Fleischforderungen entgegentreten soll. Was soll Mose auf die Forderung nach Nahrung antworten, wo sie sich doch gerade in der Wildnis befinden, diesem Land der Dürre? Aber Gott sorgt auch hier für sein Volk.

Er gibt dem Volk eine Verheißung, die Mose absurd erscheint: Gott kündigt an, dass er das Klagen des Volkes gehört hat und ihnen Fleisch zu essen geben wird, und zwar nicht nur so viel, dass es für ein oder zwei belegte Brote oder für eine Mahlzeit oder einen Tag reicht, sondern gleich für einen ganzen Monat! Mose reagiert darauf fassungslos und ungläubig. Er protestiert: „Dieses Volk hat allein 600.000 wehrfähige Männer, und du willst uns Fleisch für einen ganzen Monat geben? Wie viele Schafe, Ziegen und Rinder sollen denn geschlachtet werden, damit es für alle reicht? Oder willst du alle Fische im Meer fangen, damit jeder etwas bekommt?“ (4. Mose 11,21–22).

Mose kann sich einfach nicht vorstellen, wie dieser Bedarf gedeckt werden soll. Schließlich befinden sie sich mitten in der Wüste! Selbst wenn sie jeden Bock und jede Ziege rösten würden, hätten sie nicht genug Fleisch für einen Monat. Mose kann sich auch nicht vorstellen, dass es genügend Fische im Meer gibt, um alle zu versorgen. Gott reagiert auf Moses Unglauben mit einer herausfordernden Frage: „Ist etwa der Arm des Herrn zu kurz?“ (Vers 23; EÜ). Mit anderen Worten: „Mose, zweifelst du etwa an meiner Macht? Stellst du meine Fähigkeiten infrage?“

Gottes Antwort auf Moses Zweifel kann auch für uns eine Gedankenstütze sein, wenn wir mit unserem Latein am Ende sind, uns Sorgen machen und anfangen, an Gottes Fürsorge zu zweifeln. Wenn Sie in der Wüste sind, dann achten Sie doch einmal darauf – vielleicht stellt Gott ja auch Ihnen diese Frage: „Ist etwa der Arm des Herrn zu kurz?“

Sorgen Sie sich nicht

Wenn wir darüber nachdenken, in welcher Weise Gott für uns sorgt, wollen wir uns noch einmal genauer anschauen, was Jesus über die Lilien auf dem Feld gesagt hat. „Wenn Gott sogar das Gras so schön wachsen lässt, das heute auf der Wiese grünt, morgen aber schon verbrannt wird, wie könnte er euch dann vergessen? Vertraut ihr Gott so wenig?" (Matthäus 6,30). Wenn wir verstehen wollen, wie wichtig es Gott ist, dass wir uns nicht von der Angst verschlingen lassen, wenn wir gerade das Land zwischen Aufbruch und Ankunft durchqueren, dann sollten wir uns den Kontext einmal näher anschauen, in dem dieser Vers steht.

Als Jesus auf dieser Erde lebte, wollte er im Grunde nur eines: die Menschen mit ihrem Vater im Himmel bekannt machen. Er sagte seinen Jüngern: „Wer mich gesehen hat, der hat auch den Vater gesehen" (Johannes 14,9). Im Grunde wollte Jesus damit sagen: „Wenn ihr mit mir zusammen seid, mir zuhört, mich beobachtet, dann seht ihr, was Gott am Herzen liegt."

Als die Jünger Jesus baten: „Lehre uns beten", antwortete er mit dem, was wir heute das Vaterunser nennen (Lukas 11). Die Bitte „Unser täglich Brot gib uns heute" ist Teil dieses Gebets. Jesus lehrte seine Nachfolger, dass sie sich genau mit dieser Haltung Gott nähern durften: „Vater, bitte versorge uns heute mit dem, was wir brauchen." Das Vaterunser ist das tägliche Gebet um die täglichen Bedürfnisse, das auf der Gewissheit basiert, dass Gott für uns sorgt. Gott möchte, dass wir ihm so vertrauen – bei allem, was wir brauchen.

Je bekannter Jesus wurde, desto mehr Menschen versammelten sich um ihn. Als er eines Tages die Menschenmenge sah, rief er seine Jünger zu sich, setzte sich und fing an, sie zu lehren. Was dann kam, wird allgemein die „Bergpredigt" genannt und ist in den Kapiteln 5 bis 7 des Matthäusevangeliums zu finden. Neben anderen grundlegenden Lehren finden wir in diesem Abschnitt auch Jesu Aufforderung, sich nicht von Sorgen überwältigen zu lassen. Seine Anweisung ist darin begründet, dass Gott der Vater uns sieht, dass wir ihm wichtig sind und dass er für uns sorgt. Jesus wies seine Nachfolger an: „Macht euch keine Sorgen um euren Lebensunterhalt, um Essen, Trinken und Kleidung" (Matthäus 6,25).

Dies deutet schon an, wie die wirtschaftliche Lage zur Zeit Jesu aussah und dass wohl viele seiner Zuhörer in Armut lebten. Jesus forderte seine Nachfolger auf, sich keine Sorgen um die Grundbedürfnisse des Lebens zu machen, wie Nahrung und Kleidung. Was die Sorge um die Nahrung anging, so zog Jesus eine Parallele zu den Vögeln. „Seht euch die Vögel an! Sie säen nichts, sie ernten nichts und sammeln auch keine Vorräte. Euer Vater im Himmel versorgt sie. Meint ihr nicht, dass ihr ihm viel wichtiger seid?" (Vers 26).

Da Jesus im Freien lehrte, flogen wahrscheinlich Vögel vorüber, während er sprach. Er forderte seine Jünger auf zu bedenken, dass die Vögel nicht säen, ernten oder sich Vorräte anlegen wie die Menschen. Stattdessen gibt Gott ihnen, was sie brauchen. Und dann fragte er: „Meint ihr nicht, dass ihr ihm viel wichtiger seid?" Er argumentierte, wenn der Schöpfer sich schon um die Vögel kümmert, wird er umso liebevoller auch für seine Kinder sorgen.

Und dann sagt er noch einmal sehr nachdrücklich:

Zerbrecht euch also nicht mehr den Kopf mit Fragen wie: „Werden wir genug zu essen haben? Und was werden wir trinken? Was sollen wir anziehen?" Mit solchen Dingen beschäftigen sich nur Menschen, die Gott nicht kennen. Euer Vater im Himmel weiß doch genau, dass ihr dies alles braucht (Verse 31–32).

Mit anderen Worten: „Macht euch keine Sorgen. Lasst euch nicht von Sorgen überwältigen. Lasst euch nicht von den Sorgen eure Kraft rauben. Lasst nicht zu, dass Sorgen euer Leben bestimmen. Vertraut Gott. Er sieht euch. Er weiß, was ihr braucht."

Als Jesus davon sprach, dass „nur Menschen, die Gott nicht kennen, sich mit solchen Dingen beschäftigen", will er damit meines Erachtens sagen, dass Menschen, die keine Beziehung zum wahren, lebendigen Gott haben, sich unweigerlich Sorgen machen müssen, da sie niemanden haben, der sich darum kümmert. Wenn wir vergessen, dass Gott ein Gott ist, der sieht, der weiß und der für uns sorgt, wird unser Leben von Sorgen und Ängsten bestimmt. Unser Vater sorgt jedoch gern für uns. Er ist der Versorger. Er sieht unsere verborgendsten Nöte. Er weiß, wie es in uns aussieht. Er kennt unser Leid. Er kennt jedes Detail auf unserem Weg durch die Wüste. Hören Sie, was Jesus sagt: „Macht euch keine Sorgen … euer Vater im Himmel weiß doch …"

„Der Herr versorgt“

Gehen wir noch einmal zurück zu Abraham, einem Mann, der sehr wohl auf Jesu Anweisung, Gott zu vertrauen, baute, obwohl er lange vor Jesus lebte. Den Inhalt der Geschichte kennen wir ja schon.

Endlich bekommen Abraham und Sara ein Kind. Sie nennen es Isaak, was so viel bedeutet wie „Gelächter“. Es ist nämlich zum Lachen, dass ein Ehepaar in so fortgeschrittenem Alter noch ein Kind bekommt. Wenn ein Fremder Isaak mit seinem Vater sieht, nimmt er wahrscheinlich an, dass die beiden Großvater und Enkel sind und nicht Vater und Sohn.

Abraham wird immer älter und Isaak wächst heran. Wenn Abraham seinen verheißenen Sohn betrachtet und sieht, wie dieser mit den Sklaven umgeht oder die Schafe auf die Weide treibt, weiß er, dass er seine Zukunft vor Augen hat. Der Segen, für den Abraham so weit gereist ist und auf den er so lange gewartet hat, wird vom Vater auf den Sohn übergehen. Die große Nation, durch die alle Welt gesegnet wird, wird aus Abrahams Sohn hervorgehen, aus „Gelächter“.

An diesem Punkt steht Abraham noch ein letztes, sehr schweres Glaubensabenteuer bevor. „Da stellte Gott Abraham auf die Probe … ‚Geh mit deinem einzigen Sohn Isaak, den du liebst, in das Land Morija. Dort zeige ich dir einen Berg. Auf ihm sollst du deinen Sohn Isaak töten und als Opfer für mich verbrennen!‘“ (1. Mose 22,1–2). Wir erfahren, dass Gott Abraham auf die Probe stellt. Es scheint, dass die nachfolgenden Ereignisse so aufwühlend sind, dass dem Leser von vorn herein gesagt werden muss, dass er sich keine Sorgen machen muss. „Dem Jungen wird nichts passieren. Er wird lebend zurückkommen. Gott stellt Abraham nur auf die Probe." Der Leser weiß jetzt Bescheid, aber wir müssen bedenken, dass Abraham diese Informationen nicht hat. Er weiß nur, dass Gott zu ihm gesagt hat: „Nimm deinen Sohn und opfere ihn."

Die Wortwahl erinnert an Abrahams erste Berufung. Am Anfang der Geschichte sagt Gott ihm, er solle in ein Land gehen, das er ihm zeigen werde. Bei dieser schweren Prüfung sagt Gott Abraham, er solle zu einem Berg gehen, den Gott ihm zeigen werde. Beide Male geht es um eine Reise ins Unbekannte. „Abraham, damals hast du mir vertraut und hast deine Vergangenheit losgelassen. Wirst du mir jetzt vertrauen und deine Zukunft loslassen?"

Die Handlung läuft schier in Zeitlupe ab und wird bis ins kleinste Detail wiedergegeben. Abraham steht früh auf und sattelt den Esel. Er hackt Feuerholz für das Opfer und nimmt zwei Diener mit auf die Reise zu dem Berg, den Gott ihm zeigen wird. Auf dem Berg angekommen, baut Abraham einen Altar und legt das Holz darauf. Dann fesselt er Isaak und legt ihn auf das Holz, um ihn zu opfern. Und Gottes perfektem Zeitplan entsprechend, ruft der Engel Gottes keine Sekunde zu spät: „Leg das Messer beiseite, und tu dem Jungen nichts! Jetzt weiß ich, dass du Gott gehorsam bist – du bist sogar bereit, deinen geliebten Sohn für mich zu opfern!" (Vers 12).

Genau in diesem Augenblick entdeckt Abraham in der Nähe einen Schafbock, den er dann anstelle seines Sohnes opfert. Der Sohn bleibt am Leben; der Bock muss sterben. Abraham hat diese qualvolle Glaubensprüfung überstanden. Er nennt den Berg dann „der Herr versorgt" (Vers 14). Von Anfang an hat Gott für Abraham gesorgt und auf dem ganzen Weg stellte er ihm immer wieder die gleiche Frage: „Wirst du mir vollkommen vertrauen?“ Abrahams Gehorsam bei dieser letzten Prüfung ist ein klares Ja. „Ja, ich habe dir meine Vergangenheit anvertraut und ich werde dir auch meine Zukunft anvertrauen.“

Die Chance zu vertrauen

> Krankheit <

Auch diese Einzelheiten der Geschichte sind den Israeliten, die da in der Wüste festsitzen, wohlbekannt. Sie wissen, dass Abraham sich auf eine Reise des Vertrauens begeben hatte, auf der Gott sich als absolut vertrauenswürdig erwiesen hatte. Aber obwohl sie Abrahams Glaubensweg kennen, scheinen sie nichts daraus gelernt zu haben. Der Verlust dieses Erbes ist sehr beunruhigend. Sie sind zwar biologisch gesehen Abrahams Nachkommen, aber sein geistliches Erbe scheinen sie nicht angetreten zu haben.

Ich glaube nicht, dass die Israeliten Abrahams Geschichte vergessen haben; sie können bloß keinen Bezug zu ihrem eigenen Leben herstellen. Sie begreifen nicht, welche Auswirkungen Abrahams Glaubensweg auf sie selbst haben kann. Bisher haben sie rein theoretisch von Gottes Treue gewusst, jetzt sollen sie sie praktisch erfahren. In der Wüste soll aus „Kopfwissen“ „eigene Erfahrung“ werden. Sie „wissen“ aus der Geschichte Abrahams, dass Gott ihr Versorger ist, aber jetzt haben sie die Gelegenheit, es aus eigener Erfahrung zu begreifen.

Das ist die große Chance der Israeliten, Vertrauen zu lernen, Vertrauen zu riskieren und ein Volk des Vertrauens zu werden. Aber immer wieder verpassen sie die Gelegenheit, die sich ihnen da eröffnet. Wie sie stattdessen reagieren, haben wir schon gesehen: Sie jammern und beklagen sich, was zum festen Verhaltensmuster wird. Und wie wir sehen werden, ist Gottes Antwort darauf ziemlich hart. Aber auch dieser harten Antwort liegt Liebe zugrunde, die zu ihrem Besten dienen soll.

Teil 4

Disziplin

Kapitel 10

Erziehungsmaßnahmen

Ronnie war in der zehnten Klasse und ein sehr begabter Basketballspieler. Eines Nachmittags nach dem Training rief ihn sein Trainer zu sich. Ronnie hatte in der zweiten Schulmannschaft die meisten Treffer erzielt. Er war 1,98 Meter groß und wuchs immer noch. Normalerweise sind Jugendliche, die schnell wachsen, auch sehr ungelenkig und unkoordiniert. Aber Ronnie war nicht nur groß, sondern auch außergewöhnlich beweglich und geschickt. Mitten in der Saison hatten die Trainer sogar überlegt, ob sie ihn in die erste Schulmannschaft stecken sollten. Eine solche Begabung hatten sie bei einem so jungen Spieler nur selten erlebt. Für Ronnie war Basketballspielen eine so natürliche Begabung, dass er immer herausstach, ohne etwas dafür tun zu müssen. Und genau das war das Problem – deshalb hatte der Trainer ihn zu sich gerufen. Ronnie tat nichts dafür.

Und so gab es mit ihm immer häufiger Disziplinprobleme. Er kam regelmäßig ohne Grund eine Viertelstunde zu spät zum Training. Er war nicht offen für Korrekturen und verdrehte manchmal sogar die Augen, wenn der Trainer ihm etwas sagte. Er tat, als brauche er kein Training, weil er ohnehin schon so gut war. Am Tag zuvor war er zu einem Pflichttreffen der Mannschaft sogar nicht erschienen, weil er es „vergessen“ hatte.

Ronnie ging durch die Umkleidekabine, stieß die Tür zum Büro des Trainers auf, ohne anzuklopfen, und stellte zu seiner Überraschung fest, dass der Trainer der ersten Schulmannschaft ebenfalls zugegen war.

„Ronnie, setz dich“, sagte sein Trainer und zeigte auf einen leeren Stuhl.

„Du bist ein hervorragender Spieler mit sehr großer Begabung“, begann sein Trainer. „Aber deine mangelnde Bereitschaft, Korrektur zu akzeptieren, deine ständige Unpünktlichkeit und deine Missachtung der Trainer sorgen für Unruhe in der Mannschaft.“ Der Trainer sprach bestimmt und beherrscht. „Ich habe beschlossen, dass du bei den nächsten beiden Spielen auf der Bank bleibst. Du wirst dein Trikot anziehen und dich aufwärmen, aber du wirst nicht spielen – selbst dann nicht, wenn wir zurückliegen.“

Die Bestimmtheit, mit der er das sagte, zeigte, dass die Entscheidung feststand und es nichts zu verhandeln gab.

Bis dahin hatte der Trainer der ersten Mannschaft geschwiegen. „Ronnie“, sagte er jetzt, „ich stehe ganz hinter Trainer Jacksons Entscheidung. Ich beobachte dich schon seit der siebten Klasse und bin davon überzeugt, dass du einer der besten Spieler bist, die je durch diese Tür getreten sind. Deine Begabung steht außer Frage. Aber eines muss dir einmal laut und deutlich gesagt werden: Entweder ändert sich dein Verhalten oder du wirst in der nächsten Saison nicht spielen. Ich lasse in meiner Mannschaft keine Respektlosigkeiten zu. Ist das klar?“

Ronnie kam es vermutlich so vor, als wollte der Trainer ihm die Saison vermasseln, weil er ihn für zwei Spiele auf die Bank verbannte. Aber ein reifer Beobachter wird merken, dass der Trainer ihn nur deshalb bestrafte, um ihm den Rest der Saison und vielleicht sogar seine Zukunft im Mannschaftssport zu retten. Dazu sind gute disziplinarische Maßnahmen da. Sie sind zwar schmerzlich, aber sie bewahren uns auch vor etwas.

Wenn Gott uns daher straft und wir den Eindruck haben, das sei nicht „fair" oder zu hart, sollten wir uns fragen, ob er versucht, uns vor irgendetwas zu bewahren.

Harte Maßnahmen

Zurück zu den Israeliten, die in der Wüste feststecken und Fleisch fordern. Wir werden sehen, dass Gott durchaus für sie sorgt, aber vielleicht nicht so, wie wir das erwarten würden. Das Fleisch kommt nicht als Mahlzeit schön serviert. Gott gibt ihnen zwar, was sie verlangen, aber er ergreift auch harte Maßnahmen. Hören Sie nur einmal, wie Mose Gottes verheißene Versorgung ankündigt: „Er hat euer Gejammer gehört, mit dem ihr ihm in den Ohren liegt. Er weiß, dass ihr Fleisch essen wollt und am liebsten wieder in Ägypten wärt! Nun, morgen werdet ihr Fleisch bekommen! Und das nicht nur ein, zwei Tage lang, auch nicht fünf oder zehn oder zwanzig Tage, nein, einen ganzen Monat lang, bis es euch zum Hals heraushängt und ihr euch davor ekelt!" (4. Mose 11,18–20).

Gott sorgt für Fleisch, aber er weist auch zurecht. Selbst wenn dieser Teil der Geschichte sehr unangenehm ist, sollten wir doch versuchen, ihn zu verstehen, um daraus zu lernen.

Das Land zwischen Aufbruch und Ankunft bietet einen fruchtbaren Boden für Gottes Zurechtweisung.

Gott reagiert auf ihre Forderung nach Fleisch, indem er ihnen den größten Wachtelschwarm aller Zeiten schickt. Es hat schon früher riesige Wachtelschwärme gegeben, die von Europa und Vorderasien nach Afrika gezogen sind.

Der Herr ließ einen starken Wind aufkommen und trieb gewaltige Schwärme Wachteln vom Meer herbei. Sie fielen in der Nähe des Lagers zu Boden und blieben im Umkreis von etwa dreißig Kilometern bis zu einem Meter hoch liegen. Die Israeliten brauchten den ganzen Tag, die Nacht und auch noch den nächsten Tag, um die Vögel aufzulesen. Jeder hatte hinterher mindestens zehn große Körbe voll. Dann wurde das Fleisch der Vögel rings um das Lager ausgebreitet, damit es in der Sonne trocknen konnte (4. Mose 11,31–32).

Die verhasste Manna-Diät wird jetzt um Fleisch erweitert, und zwar in Ausmaßen, die alle Vorstellungskraft übersteigen.

Das Volk hat, was es will, und die Krise ist überwunden. Nun ja … nicht ganz. Lesen Sie, was dann passiert:

Doch kaum hatten die Israeliten sich die ersten Fleischstücke in den Mund geschoben, da entlud sich der Zorn des Herrn. Sehr viele starben zur Strafe für ihre Gier. Man begrub die Toten in der Nähe des Lagers und nannte den Ort Kibrot-Hattaawa (‚Gräber der Gier‘) (Verse 33–34).

Die Menschen sterben, denn mit den Wachteln kommt auch eine Plage. Das ist eine harte Strafe.

Das Land zwischen dem Ende von etwas Bekanntem und dem Beginn von etwas Neuem zu durchqueren kann schmerzhaft sein. Aber oft sorgen wir (unbewusst) dafür, dass es noch schmerzhafter als nötig wird. Unser Handeln, unsere Reaktionen und unser Überreagieren machen alles noch komplizierter. Die Wanderung durch die Wüste ist für die Israeliten durchaus schwierig, aber sie verschlimmern ihr Leid noch. Sie verbeißen sich in ihr Murren und Fordern, in ihre Undankbarkeit und ihr Misstrauen. Zum Schluss bekommen sie das Fleisch, nach dem sie verlangt haben, aber die Mahlzeit ist verdorben.

Ich glaube, so etwas passiert im Grunde auch heute noch. Wir begeben uns in das Land zwischen Aufbruch und Ankunft, was ohnehin schon schwierig ist, aber unsere Dickköpfigkeit macht alles nur noch schlimmer. Manchmal erhalten wir vielleicht, was wir wollen, aber es bekommt uns gar nicht gut.

Die Folgen unserer Forderungen

Die Unzufriedenheit der Johnsons mit ihrem Haus wächst zunehmend. Viele ihrer Freunde haben sich „verbessert“, aber sie wohnen Jahr für Jahr im gleichen Haus. Sie haben das

Gefühl, als bewegen sie sich finanziell gesehen auf der ganz rechten Spur, und alle anderen flitzen auf der Überholspur an ihnen vorüber. Sie haben das Warten satt. Zuerst schmieden sie ein paar Pläne und strecken sich nach mehr aus. Dann werden die Pläne konkreter, und sie strecken sich noch mehr, bis sie endlich in ihr Traumhaus ziehen können – mit atemberaubenden Finanzierungsraten, die ganz hart am Rande dessen sind, was sie sich leisten können.

Und dann gibt es da noch die Ausgaben, die die Johnsons willentlich ignorieren: höhere Grundsteuern, höhere Versicherungsprämien, mehr Möbel. Allein schon Möbel für jedes Zimmer anzuschaffen bringt sie so nah an den Rand des finanziellen Ruins, dass der gähnende Abgrund sich nur wenige Meter vor ihnen auftut. Dann wird Mr Johnson davon in Kenntnis gesetzt, dass er Kurzarbeit machen muss und dass er seinen „garantierten Sonderbonus" dieses Jahr nicht bekommt. Mrs Johnsons Stelle wird auf 50 Prozent reduziert. Und schon stürzen sie in den Abgrund. Wieder eine unbezahlte Rechnung, die Kreditkarte wird gesperrt – ihr Traumhaus entwickelt sich zu einem finanziellen Albtraum.

„Warum mussten wir uns unbedingt dieses Haus kaufen?", fragen sie sich, als sie im spärlich möblierten Esszimmer sitzen und darüber diskutieren, welche Rechnungen sie bezahlen und welche sie aufschieben werden.

Sie bekamen, was sie wollten, aber es bekam ihnen gar nicht gut.

Kate hat es satt, immer allein zu sein. Wie oft muss sie noch die Brautjungfer spielen, bis sie endlich selbst heiraten wird?

Was sie daran hindert, ist, dass sie die Auswahl selbst eingeschränkt hat. In der Oberstufe hat sie einmal beschlossen, sich nur mit Männern anzufreunden, die fest im Glauben stehen. Das reduziert die Zahl der möglichen Kandidaten stark. Allmählich wird aus ihrer Sehnsucht eine Forderung. Sie stellt Gott ein Ultimatum: „Na schön, Gott, ich will natürlich lieber jemanden, der Christ ist. Du hast drei Monate Zeit. Wenn sich bis dahin nichts tut, werde ich mir selbst einen Partner suchen, und dann ist es mir egal, wie er zu dir steht."

Die drei Monate gehen vorüber, ohne dass etwas passiert.

Dickköpfig und misstrauisch gegenüber Gott nimmt Kate die Sache jetzt selbst in die Hand und schlägt einen Weg ein, der ihr viel Schmerz und Leid bereiten wird. Sehr wahrscheinlich bekommt Kate, was sie will, aber es bekommt ihr womöglich gar nicht gut.

Der Aufenthalt im Land zwischen Aufbruch und Ankunft ist ohnehin schon hart. Wir machen es uns aber noch viel schwerer, wenn wir die Geduld verlieren und von Gott verlangen, dass er sich nach unserem Zeitplan richtet und zu unseren Bedingungen handelt.

Aber warum müssen die Israeliten, die da in der Wüste sitzen, sterben? Gott schickt eine Plage und die Menschen sterben. Ist das nicht ein wenig übertrieben? Wenn ein Basketballtrainer einen aufmüpfigen Spieler bestrafen will, tötet er ihn nicht; er setzt ihn auf die Bank. Ist diese harte Bestrafung in der Wüste wirklich nötig? Ist das nicht ein bisschen zu hart?

„Sehr viele starben zur Strafe für ihre Gier. Man begrub die Toten in der Nähe des Lagers." Die Plage, mit der sich „der

Zorn des Herrn entlud", endet für einige tödlich. Passt irgendwie nicht so ganz zu unserer Vorstellung von einem liebenden, fürsorglichen, hilfsbereiten Gott, oder? Sieht irgendwie so gar nicht nach Jesus aus.

Ich kann mich an die Geschichte noch aus meiner Kindheit erinnern, allerdings nicht an die Sache mit der Plage. Woran ich mich erinnere, ist: „Gott ist gut und gibt seinem Volk Manna und Wachteln zu essen", aber nicht: „Gott wird ziemlich sauer, als er seinem Volk Manna und Wachteln zu essen gibt, und tötet einige von ihnen, weil sie rumgejammert haben." Was ist denn hier los?

Manchmal gibt Gott uns das, was wir von ihm verlangen, und lässt uns dann auch die Konsequenzen dessen tragen. Das tut er nicht, weil er uns hasst oder weil er uns aufgegeben hat. So hart die Folgen für uns auch sein mögen, der Gott, der uns liebt und uns sieht, hat immer noch alles in der Hand. Er sieht das große Ganze. Er sieht, was noch kommt. Er weiß, auf welche Ereignisse und Herausforderungen wir noch vorbereitet werden müssen. Im Hebräerbrief steht: „Natürlich freut sich niemand darüber, wenn er gestraft wird; denn Strafe tut weh. Aber später zeigt sich, wozu das alles gut war. Wer nämlich auf diese Weise Ausdauer gelernt hat, der tut, was Gott gefällt, und ist von seinem Frieden erfüllt" (Hebräer 12,11).

Wenn Gott uns zurechtweist, bereitet er uns auf etwas vor. Das alles soll dazu führen, dass wir gottgefällig und in Frieden mit ihm leben. Und Gott weiß, dass wir das dringend nötig haben. Genau wie ein Trainer aus Fürsorge einen Spieler auf die Bank schickt, schickt auch Gott seinen Kindern manchmal eine Strafe, um sie zu korrigieren. Seine Zurechtweisung bereitet uns auf Herausforderungen und Konflikte vor, die noch vor uns liegen.

Kapitel 11

Aus Fehlern lernen

Vielleicht haben Sie auch schon einmal eines dieser Poster gesehen, auf denen eine unglaublich schöne Landschaft oder ein Sportler abgebildet ist. Manchmal ist es ein Adler, der hoch in der Luft schwebt, oder ein Stabhochspringer, der gerade über die Stange fliegt. Darunter steht nur ein einziges Wort in Großbuchstaben, so groß, dass man es vom anderen Ende des Zimmers aus lesen kann: AUSDAUER oder GEMEINSAM oder VISION. Unterhalb dieses Begriffes findet man dann in kleineren Buchstaben einen motivierenden Ausspruch, der diese Tugend illustriert. Diese Bilder, die Zitate und Großbuchstaben sollen Menschen zu positivem Handeln motivieren.

Was auf der Internetseite „despair.com" („Verzweiflung") angeboten wird, soll eine Parodie auf diese Motivationsplakate sein. Auf den Abbildungen sind ebenfalls atemberaubende Aufnahmen mit Schlagwörtern in Großbuchstaben, aber die darunterstehenden Zitate sind auf humorvolle Weise demotivierend. Ein riesiger Grizzlybär steht mit offenem Maul in einer Stromschnelle und wird gleich einen Lachs verschlingen, der ihm bei seiner Wanderung stromaufwärts geradewegs ins Maul springt. Der Titel: ZIELSTREBIGKEIT. Das Zitat darunter: „Auch die weiteste Reise nimmt manchmal ein sehr böses Ende."

Auf einem anderen Plakat ist die Silhouette eines Wanderers mit Rucksack vor einem riesigen Berg zu sehen. Der Titel: HERAUSFORDERUNG. Das Zitat: „Ich wusste, dass schwere Zeiten kommen würden, aber ich dachte nicht, dass sie so schwer sein und so lange dauern und so oft kommen würden."

Auf einem dritten Poster ist ein einzelnes gekentertes Schiff mitten auf dem Ozean zu sehen. Der Titel: FEHLER. Das Zitat darunter: „Vielleicht ist der Sinn Ihres Lebens einfach nur der, als Warnung für andere zu dienen." Wenn wir die Wüstenwanderung des Volkes Israel untersuchen, dann trifft dieses Poster besonders zu. Viele der Ereignisse, die während der Wanderung der Israeliten durch die Wüste geschehen, scheinen als Warnung für den Leser gedacht zu sein: „Nicht zur Nachahmung empfohlen!" Vieles, was wir aus dieser Geschichte lernen können, geht auf ein sehr negatives Vorbild zurück. Die Episode, in der das Volk sich über das Manna beklagt und Fleisch verlangt, zeigt die Israeliten ganz sicher nicht von ihrer besten Seite. Der Bericht über die Zeit in der Wildnis ist für uns ein warnendes Beispiel dafür, wie wir uns *nicht* verhalten sollten. Wenn wir also selbst eine Wüstenzeit durchmachen, haben wir das Vorrecht, aus den Fehlern des Volkes Israel zu lernen. Wir erleben das Scheitern des Volkes und lernen dabei, wie wir unser eigenes Scheitern verhindern können. Die Trümmer vom Schiffbruch der Israeliten sind eine deutliche Warnung: „Vorsicht, gefährliches Riff!" Die Botschaft ist klar: „Macht es nicht so wie wir."

Gut gerüstet für alle Aufgaben

Lauschen Sie einmal in die folgende Unterhaltung zwischen einem der wichtigsten Leiter in den Anfängen der Jesusbewegung und einem jüngeren Pastor, den er ausgebildet hat, hinein. Diese Worte schrieb Paulus an Timotheus, kurz bevor er in Rom hingerichtet wurde. Paulus ermahnt in seinem Brief den jüngeren Pastor:

Denn jede Schrift, die von Gottes Geist eingegeben wurde, ist nützlich für die Unterweisung im Glauben, für die Zurechtweisung und Besserung der Irrenden, für die Erziehung zu einem Leben, das Gott gefällt. Mit den Heiligen Schriften in der Hand ist der Mensch, der sich Gott zur Verfügung gestellt hat, ausgerüstet für alle Aufgaben seines Dienstes (2. Timotheus 3,16–17; GN).

Als Paulus diese Worte schrieb, gab es das Neue Testament in der heutigen Form noch nicht. Als Paulus also von den „Heiligen Schriften" sprach, meinte er damit die jüdischen Schriften des Alten Testaments. Paulus erinnerte Timotheus daran, wie nützlich das Alte Testament ist, und dazu gehörte auch die Geschichte vom Volk Israel in der Wüste, dem Manna und ihrem Murren.

Diese Geschichten sollen dazu dienen, Gottes Kinder zu einem guten Leben „bereit" zu machen und „zuzurüsten" („zu jedem guten Werk"). Beachten Sie besonders, dass Paulus in seiner Aufzählung darüber, wozu die Schrift nützlich ist, auch „Zurechtweisung" und „Besserung" nennt. Diese Begriffe machen deutlich, dass es hier um einen dringend notwendigen Richtungswechsel geht.

Wenn ich mich in gefährlichen Gewässern bewege, können mir die Geschichten der Bibel als Warnung dienen. „Vorsicht, Riff!“, warnen sie mich in Großbuchstaben. Das sind sehr gute Nachrichten. Da die Bibel viele warnende Beispiele enthält, kann ich meinen eigenen Kurs korrigieren, indem ich die Bibel lese oder Predigten darüber höre und sehe, wie es anderen ergangen ist. Ich kann harten Strafen aus dem Weg gehen, indem ich mich korrigieren lasse, anstatt den Schmerz harter Strafen am eigenen Leib zu erfahren. Wir müssen die Fehler anderer nicht wiederholen. Wenn wir die Fehler anderer sehen, wie zum Beispiel die der Israeliten, können wir unser eigenes Fehlverhalten rechtzeitig korrigieren.

Das Wunder, das die Israeliten damals erlebt haben, kann uns das Leben retten. Um es noch einmal zu sagen: Statt nur aus unseren eigenen Fehlern klug zu werden, können wir, die wir eine Bibel in den Händen halten, auch aus den Fehlern der Menschen lernen, von denen uns darin berichtet wird. Wir können nicht nur aus dem Schaden klug werden, den wir uns selbst zufügen, sondern auch aus unnötigem Schmerz in *ihrem* Leben lernen.

Paulus hat einige der ersten Jesus-Nachfolger besonders ermahnt, sich die Geschichte des Volkes Israel zu Herzen zu nehmen. In einem anderen seiner Briefe weist Paulus auf die Rebellion des Volkes Israel in der Wüste hin und fleht die Jesus-Nachfolger im griechischen Korinth an, aus den schwerwiegenden Fehlern zu lernen, die Israeliten dort in der Wildernis begingen. Paulus rät ihnen:

Alle diese Ereignisse sind uns als Beispiel gegeben. Sie wurden niedergeschrieben, damit wir gewarnt sind; denn das Ende der Welt ist nahe. Deshalb seid vorsichtig! Gerade wer meint, er stehe besonders sicher, muss aufpassen, dass er nicht fällt. Was eurem Glauben bisher an Prüfungen zugemutet wurde, überstieg nicht eure Kraft. Gott steht zu euch. Er lässt nicht zu, dass die Versuchung größer ist, als ihr es ertragen könnt. Wenn euer Glaube auf die Probe gestellt wird, schafft Gott auch die Möglichkeit, sie zu bestehen (1. Korinther 10,11–13).

Und wieder sollen uns die Berichte der Bibel als Vorbild dienen. Sie wurden zu unserer Warnung festgehalten. Wenn wir denken, wir wären gegen solche Fehler immun, sollten wir noch einmal genau nachdenken (damit wir nicht auf die Nase fallen). Die Geschichte des Volkes Israel in der Wüste wurde für uns niedergeschrieben, und wir sollten sie mit jeder Pore aufnehmen, sie uns ständig durch den Kopf gehen lassen und darüber nachdenken. Beachten Sie besonders Paulus' Worte am Ende seiner Warnung an die Korinther. Er erinnert sie daran, dass Gott zu ihnen steht. Gott wird für einen Ausweg sorgen, wenn wir unter unseren Lasten zusammenzubrechen drohen oder auf die Probe gestellt werden. Damit dürfen wir uns trösten, wenn wir das Land zwischen Aufbruch und Ankunft durchqueren. Die Bibel verspricht uns, dass Gott treu ist. Er wird uns jeden Tag das geben, was wir brauchen. Auch wenn wir den Weg aus den Augen verloren haben, leiden und mit ansehen müssen, dass unsere Träume zerbrechen, dürfen wir darauf vertrauen, dass Gott uns Schritt für Schritt führen will.

Die Art des Vergehens

Um die Geschichte der Israeliten in der Wüste ganz zu verstehen, müssen wir uns noch einmal mit Gottes Strafe befassen. Ich hoffe, dass wir dabei immer mehr zu schätzen lernen, welches Ziel Gott mit dieser schweren Strafe verfolgte. Bestrafung bedeutet, jemandem Schmerzen zuzufügen, damit derjenige sich bessert. Denken Sie an die Worte aus dem 12. Kapitel des Hebräerbriefes: Strafe führt zu einem gottgefälligen Leben und Frieden.

Schauen wir uns die Art des Vergehens der Israeliten und ihre Geschichte einmal genauer an. Wir haben uns mit diesen Themen zwar schon beschäftigt, aber um Gottes Handeln in der Wüste besser verstehen zu können, müssen wir uns noch einmal damit auseinandersetzen.

Betrachten wir zuerst noch einmal die Art des Vergehens. Auf den ersten Blick sieht es so aus, als hätten die Israeliten einfach nur das Manna sattgehabt und sich über den Mangel an Fleisch beklagt. Gottes Antwort zeigt jedoch, was wirklich hinter dem Vergehen des Volkes steckt und warum seine Strafe so hart ausfällt.

[Der Herr] *hat euer Gejammer gehört, mit dem ihr ihm in den Ohren liegt. Er weiß, dass ihr Fleisch essen wollt und am liebsten wieder in Ägypten wärt! Nun, morgen werdet ihr Fleisch bekommen! Und das nicht nur ein, zwei Tage lang, auch nicht fünf oder zehn oder zwanzig Tage, nein, einen ganzen Monat lang, bis es euch zum Hals heraushängt und ihr euch davor ekelt! Denn ihr habt den Herrn, der mitten unter euch wohnt, verachtet und ihm bittere Vorwürfe gemacht, weil er euch aus Ägypten befreit hat* (4. Mose 11,18–20).

Hier wird das Vergehen des Volkes in seiner ganzen Tragweite dargestellt. Gleich zweimal wird in diesem kurzen Abschnitt Ägypten erwähnt. In seiner Zurechtweisung greift Gott gleich zweimal die Klage des Volkes auf: „Wir wären am liebsten wieder in Ägypten" und zwei Sätze später: „... ihr habt [dem Herrn] ... bittere Vorwürfe gemacht, weil er euch aus Ägypten befreit hat." Das ist eine weitaus ernstere Angelegenheit, als einfach nur über das Essen zu jammern. Die Israeliten machen Gott ernsthafte Vorwürfe. Indem sie sagen, dass sie am liebsten wieder in Ägypten wären, werfen sie Gott praktisch vor: „Ohne dich wären wir besser dran!"

Das erklärt auch die schwerwiegende Anklage, „ihr habt den Herrn, der mitten unter euch wohnt, verachtet". Gott wohnte ja ganz buchstäblich unter ihnen. Mose meinte diese Worte nicht im übertragenen Sinn. Das Lager der Israeliten in der Wüste war so angeordnet, dass die zwölf Stämme Israels sich um das Zentrum des Lagers herum niederließen – jeweils drei Stämme in jeder Himmelsrichtung. In der Mitte der so angeordneten Zelte stand die Stiftshütte oder das heilige Zelt. An diesem mobilen Ort der Anbetung stand die Bundeslade in einem inneren Zelt, dem sogenannten Allerheiligsten. Das war der heiligste aller Orte überhaupt und gleichzeitig der Eingang in die Gegenwart Gottes. Vor diesem Hintergrund ist die Anschuldigung, „ihr habt den Herrn, der mitten unter euch wohnt, verachtet", wörtlich zu verstehen. Gott war wirklich zugegen – mitten in ihrem Lager.

Es ist wichtig, den Kern dieser Sache zu verstehen, wenn wir uns mit Gottes Strafe befassen wollen. Es muss klar sein, welches Vergehen die Israeliten wirklich begangen hatten. Um es noch einmal zu sagen: Das Vergehen war weitaus schwerwiegender; sie hatten sich nicht bloß über das Manna beklagt. Es war Hochverrat. „Ohne dich als unseren Retter ging es uns besser. Ohne deine Gegenwart ging es uns besser. Als Sklaven ging es uns besser. Mit den Göttern Ägyptens hatten wir ein besseres Leben." Die Sache ist todernst.

Die Geschichte der Täter

Außer der Ernsthaftigkeit ihres Vergehens sollten wir uns auch die Geschichte der Israeliten bis zu diesem Punkt noch einmal vor Augen halten. Die Klagen der Israeliten über das Essen und Gottes harte Antwort darauf kommen nicht aus heiterem Himmel, sondern sind Teil einer fortlaufenden Handlung. Das Volk war bekannt dafür, dass es sich ständig über etwas beklagte. Das Meckern über das Essen ist kein einmaliges, außergewöhnliches Ereignis, sondern gehört in eine ganze Reihe von Nörgeleien, in die das Volk immer wieder verfallen ist, seit es zwei Jahre zuvor Ägypten verlassen hat.

Sich über Gott zu beklagen war bei den Söhnen und Töchtern Jakobs also bereits ein eingefahrenes Verhaltensmuster. Gehen wir noch einmal einige ihrer Vergehen durch: Als die Israeliten am Roten Meer stehen und um ihr Leben fürchten, weil ihnen die Ägypter im Nacken sitzen, schreien sie Mose an:

Gibt es etwa in Ägypten nicht genug Gräber für uns? Warum führst du uns hierher? Wir sollen wohl hier in der Wüste sterben! Was hast du uns nur angetan! Warum hast du uns aus Ägypten herausgeholt? Haben wir dir nicht schon dort gesagt, du solltest uns in Ruhe lassen? Wir hätten bleiben und den Ägyptern dienen sollen. Lieber wären wir ihre Sklaven geblieben, als hier in der Wüste umzukommen! (2. Mose 14,11–12).

Als sie später der Durst quält und sie zu einer Quelle kommen und dann feststellen müssen, dass das Wasser ungenießbar ist, klagen sie Mose wieder an. Danach jammern sie erneut, weil sie Hunger haben und verzweifelt sind, da sie auch nichts zu essen haben. Dann tritt noch einmal Wasserknappheit auf und die Israeliten bleiben sich selbst treu und grollen ihrem Anführer. Kommen Sie sich gerade wie ein Richter vor, der das Vorstrafenregister eines Angeklagten durchblättert? Die Israeliten sind Wiederholungstäter und das ist nach meiner Überzeugung der Kern der Sache.

Angesichts dieser langen Liste der Klagen sollten wir uns noch einmal vor Augen führen, welches Ziel Gott mit dem Volk Israel verfolgt. Vertrauen ist der Mörtel jeder Beziehung. Gott will Israel durch diese harten Zeiten zu einem Volk zusammenschweißen, das ihm vertraut. Jedes Mal, wenn er die Bedürfnisse der Israeliten erfüllt, scheint er zu sagen: „Ihr müsst mir vertrauen." Wir dürfen nicht vergessen, dass die Israeliten das auserwählte Volk und unterwegs in das verheißene Land sind und dass sie in ihrem gegenwärtigen Zustand absolut ungeeignet sind, das Land einzunehmen. Sie kennen Gott nicht wirklich und vertrauen ihm auch nicht. Der Sinn der Wüstenwanderung besteht darin, ein Band des Vertrauens zu knüpfen.

Menschen, die sich weigern zu lernen, bezeichnen wir als „unbelehrbar" oder „unverbesserlich". König Salomo, der Sohn von David, hat diese Erkenntnis in seinen Sprüchen festgehalten: „Ein Hund frisst noch einmal, was er erbricht; so wiederholt ein Dummkopf seinen Unsinn" (Sprüche 26,11; GN). Diese ziemlich widerliche, aber zutreffende Feststellung beschreibt ausgesprochen anschaulich, dass diejenigen, denen es an Einsicht mangelt, dazu neigen, dieselben Fehler wieder und wieder zu begehen.

Richten wir den Scheinwerfer einmal weg von den Wüstenwanderern auf uns selbst. Genau wie bei den Dauernörglern in der Wüste ist auch bei uns das Tragische an der Sache nicht, dass wir Fehler machen, sondern dass wir dazu neigen, die gleichen Fehler wie sie zu begehen. Das Traurige an der Sache ist nicht, dass wir leiden, sondern dass wir umsonst leiden, wenn wir daraus nichts lernen.

Wiederholungstäter

Offen und ehrlich gesteht uns eine Freundin, unter welchem finanziellen Druck ihre Familie steht. Die Schulden, die sie wegen ihrer Autos gemacht haben, sind höher als der Wert der Wagen. Sie können die Raten fürs Haus nicht mehr bezahlen und die hohen Zinsen ihrer Konsumschulden brechen ihnen das Genick. Man hört mitfühlend zu. Zwei Wochen später erfährt man, dass diese Familie einen kostspieligen Urlaub plant, der ihre Geldprobleme nur noch verschärfen wird. *Wie groß muss der Leidensdruck sein, bevor Menschen anfangen, sich zu ändern?*, fragen wir uns.

Sein erstes Vergehen bestand darin, als Minderjähriger Alkohol zu trinken. Dafür musste er an einigen Wochenendkursen teilnehmen, in denen es um Alkoholmissbrauch und seine Folgen ging. Das Gericht hoffte, dass der Kurs unangenehm genug sein würde, damit so etwas nicht wieder vorkam. Aber der Kurs änderte rein gar nichts an seinem Verhalten. Für sein zweites Vergehen wurde er zu gemeinnütziger Arbeit und noch mehr Wochenendkursen verurteilt. Dann kam Trunkenheit am Steuer dazu, wofür er zu einer Geldstrafe und einem Monat Fahrverbot verurteilt wurde. Auch die Prämien seiner Autoversicherung stiegen. Und trotzdem änderte sich sein Verhalten nicht, nicht einmal, als der Preis dafür immer höher wurde. Er lernte nichts aus seinem Leid.

Das Tragische an der Geschichte der Israeliten in der Wüste ist, dass sie anscheinend nichts aus ihrem Leid lernen. Warnungen werden überhört, und als Folge davon läuft eine ganze Generation Gefahr, den verheißenen Segen zu verpassen. Wenn sie so weitermachen, reiten sie sich selbst ins Verderben. Aber wie oft tun wir genau das Gleiche? *Herr, sei uns gnädig.* Und genau das ist Gott. Wie wir noch sehen werden, ist seine Strafe nichts anderes als eine Form von Gnade.

Wenn wir die Geschichte in ihrem biblischen Zusammenhang betrachten, stellen wir fest, dass die „Manna-Revolte" und die darauf folgende Strafe nicht am Anfang der Wüstenwanderung der Israeliten stehen. Gott rettet sie am Roten Meer vor ihren Verfolgern und durch seine Fürsorge in der Wüste vor Hunger und Durst. Am Sinai bekommen sie die Zehn Gebote, die die Rahmenbedingungen für ihren Bund mit Gott festlegen, und später bauen sie die Stiftshütte, damit Gott in ihrem Lager gegenwärtig sein kann. Sie nähern sich jetzt der Grenze des Landes, das Gott ihren Vorfahren versprochen hat. Die Israeliten stehen also nicht mehr am Anfang ihres Weges und trotzdem verhalten sie sich noch wie Anfänger. Sie scheinen ihrem Gott keinen Deut mehr zu vertrauen als zu Beginn ihrer Wüstenwanderung. Immer wieder geben sie ihm im Grunde zu verstehen: „Wir vertrauen dir nicht."

Das ist ein wichtiger Punkt: Die Israeliten scheinen sich in diesen zwei Jahren in der Wüste nicht verändert zu haben. Wenn ich ihre Geschichte nachlese, habe ich das Gefühl, mir eine Schallplatte anzuhören, bei der die Nadel hängengeblieben ist. Die gleichen schrägen Töne erklingen wieder und wieder: „Herausfordernde Situationen, die dazu führen sollten, dass die Menschen ihr Vertrauen auf Gott setzen, führen doch nur dazu, dass sie verächtlich herumjammern." Die harte Strafe im Fall der Wachteln ist nicht um ihrer selbst willen so hart. Sie sollte die Israeliten aus ihrem tödlichen, Vertrauen zerstörenden Trott herausreißen. Gott versucht auch in dieser Situation, die Israeliten zu retten und zu sich zu ziehen. Und das ist auch in unserem Leben nicht anders.

Kapitel 12

Heilsamer Schmerz

Nach seinem Schulabschluss ging mein jüngster Sohn Alex in die Ukraine, um dort in einer kleinen Gemeinde mitzuarbeiten. Was ursprünglich als dreimonatiger Aufenthalt geplant war, dauert mittlerweile schon zwei Jahre. Aber ich glaube, dass wir trotz der Tatsache, dass er auf der anderen Seite des Globus ist, engeren Kontakt zu ihm haben, als wenn er hier wäre und wir aneinander vorbeileben würden. Jede Woche unterhalten wir uns über Skype. Wir haben erst vergangene Woche miteinander gesprochen; einige Tage nach seinem zwanzigsten Geburtstag. Er hatte gerade eine sehr schwere Woche mit einigen großen Herausforderungen hinter sich.

Der Pastor der Gemeinde, in der Alex mitarbeitet, hatte ihn gebeten, eine Predigt zu halten. Es war erst seine dritte Predigt, sodass die zeitaufwendige Vorbereitung noch neu für ihn war. Er hat auch die Leitung des Musikteams in dieser kleinen Gemeinde inne und trug am Tag vor der Predigt die Verantwortung für einen Anbetungsgottesdienst. Dazu kommen noch Spannungen mit seinem Vermieter, der eine Nachzahlung für die Nebenkosten haben will. Als Alex vor einigen Monaten in die Wohnung zog, war davon noch nicht die Rede, sodass dieses Problem noch ungelöst ist. Außerdem hat einer seiner besten Freunde ernsthafte gesundheitliche Probleme, was Alex noch zusätzlich belastet.

Obwohl es eine schwere Woche war, bin ich froh, dass Alex das durchmachen musste. Ich glaube, Gott will aus ihm einen Leiter machen, und zu diesem Prozess gehört auch, Druck auszuhalten. Ich bin dankbar für die Prüfungen und die Schwierigkeiten, die mein Sohn durchmachen muss, denn ich bin überzeugt, dass er dadurch nicht nur menschlich, sondern auch geistlich reift. Aus diesem Grund vertraue ich darauf, dass Gott die Schwierigkeiten und Herausforderungen in Alex' Leben gebraucht, um ihn zu formen. Die Belastungen, denen mein Sohn ausgesetzt ist, beunruhigen mich nicht im Geringsten, sondern ich bin dankbar dafür, weil ich weiß, dass Gott ihn nicht ohne Grund diesen Dingen aussetzt. Alex bekommt hier die Gelegenheit, ein Mann zu werden, der Gott trotz allem und in allem vertraut.

Als ich mich erkundigte, wie er es geschafft hatte, sich auf die Predigt vorzubereiten, während gleichzeitig all die anderen Dinge passierten, meinte er: „Ich hatte das Gefühl, dass Gott mich durch diese Woche hindurchgetragen hat." Diese Worte gingen mir sehr nah, und ich bin froh, dass er durch seine Reaktion auf diesen Druck Gott noch nähergekommen ist. Ich vermute, dass Gott ihn auf noch größere Herausforderungen vorbereitet und dass diese ersten Lektionen der Schlüssel zu seinem geistlichen Wachstum sind.

Um Viertel nach fünf Uhr morgens fahren die ersten Autos auf den Parkplatz. Später werden die Temperaturen noch auf minus vier Grad steigen, aber als die Männer und Frauen ihre

Autos abstellen und ins Fitnessstudio gehen, sind es knackige minus zehn Grad. Sie haben sich von ihrem Wecker aus dem Bett werfen lassen und sind durch die Kälte gefahren, um sich eine Stunde lang von einem Fitnesstrainer Übungen zeigen zu lassen, die sie fordern und an ihre Grenzen bringen werden. Und das Verrückteste an der Sache ist, dass sie dafür auch noch Geld zahlen. Sie bezahlen jemanden dafür, dass er ihnen Schmerzen zufügt, weil sie glauben, dass diese Schmerzen einen Sinn haben.

Eine Mutter von drei kleinen Kindern macht sich dreimal in der Woche auf den Weg in das Fitnessstudio, um die Figur wiederzubekommen, die sie vor den Schwangerschaften hatte. Ein dreißigjähriger Mann erscheint treu und brav, weil er wieder in Form kommen will, nachdem ihm bei einem lockeren Footballspiel mit Freunden die Puste ausgegangen ist. Ein Ehepaar, das sich zu seinem ersten Triathlon-Wettbewerb angemeldet hat, hofft, dadurch seine allgemeine Fitness zu steigern. Und eine junge Braut hofft, bis zu ihrer Hochzeit im Frühjahr in ein engeres Kleid zu passen. All diese Personen würden es vielleicht nicht so ausdrücken, aber jeder der Teilnehmer weiß, dass Schmerz auch einen Sinn haben kann. Sie haben das begriffen, sonst würden sie nicht so früh aufstehen, durch den Schnee fahren und jemanden dafür bezahlen, dass er ihnen wehtut.

Diese Fitness-Geschichte kann uns helfen zu begreifen, was heilsamer Schmerz ist. Sie erinnert uns daran, dass wir Schmerz bereitwillig akzeptieren, wenn wir glauben, dass er hilfreich ist. Wenn wir das im Hinterkopf behalten, dann verstehen wir, warum Gott die Israeliten strafen musste. Und wir erkennen, dass Gott manchmal auch den Schmerz als Mittel zur Heilung gebraucht. Er will damit jemanden retten.

Was steht auf dem Spiel?

Die Israeliten werden also in der Wüste von einer Plage heimgesucht, durch die sie einige ihrer Landsleute verlieren. Um wirklich zu verstehen, was für sie auf dem Spiel steht und weshalb Gott sie so hart bestraft, müssen wir unsere Aufmerksamkeit auf ein ganz zentrales Ereignis richten, das unmittelbar nach dem „Manna-Aufstand" eintritt, von dem uns in 4. Mose 11 berichtet wird. Nur zwei Kapitel später ereignet sich einer der tragischsten Vorfälle während der gesamten Wanderschaft des Volkes.

In 4. Mose 13 – nur zwei Kapitel nach der Manna- und Wachtel-Katastrophe – lagern die Israeliten an einem Ort namens Kadesch-Barnea. Von dort schickt Mose zwölf Späher nach Kanaan, ins verheißene Land, um ihren Einmarsch vorzubereiten. Die zeitliche Abfolge ist hier sehr wichtig. Offenbar kommt es unmittelbar, bevor sie an der Grenze zum verheißenen Land stehen, zu den Protesten darüber, dass sie kein Fleisch haben. Als das Unglück mit den Wachteln geschieht, stehen die Israeliten also kurz davor, das Land einzunehmen, das ihren Vorfahren versprochen wurde. Das war der Höhepunkt, auf den die Geschichte seit Hunderten von Jahren hinauslief. Die Verheißung, die Gott Abraham gegeben und Isaak und Jakob bestätigt hat, wird sich jeden Moment erfüllen.

Doch unglücklicherweise ist das Volk noch nicht bereit dafür.

Mose schickt zwölf Späher los – einen für jeden der Stämme Israels –, damit diese das Land erkunden. Die Späher sollen den anderen darüber Bericht erstatten, wie fruchtbar das Land ist, aber auch herausfinden, wie stark das Land befestigt ist und wie gut seine Einwohner ausgerüstet sind. Nach vierzig Tagen kommen die Kundschafter zurück und berichten, dass das Land unbeschreiblich fruchtbar ist. Sie bringen Granatäpfel, Feigen und eine übergroße Weintraube als Beweis für die Fruchtbarkeit ihres zukünftigen Zuhauses mit. Das Land ist gut, genau wie Gott es versprochen hat.

Aber zehn der zwölf Späher geben auch einen sehr düsteren Bericht ab. Das Land ist zwar sehr gut, aber leider wird es unmöglich sein, es einzunehmen. Es würde den Israeliten niemals gelingen, den Krieg gegen die sehr starken Einwohner zu gewinnen.

„Allerdings leben mächtige Völker dort, und ihre Städte sind gewaltige Festungen. Wir haben Anakiter gesehen" (4. Mose 13,28). Offensichtlich waren die Anakiter so groß, dass sich die Israeliten dagegen wie Zwerge vorkamen. „Die Anakiter, die wir getroffen haben, sind Riesen. In deren Augen waren wir klein wie Heuschrecken, und so haben wir uns auch gefühlt!" (Vers 33).

Während zehn der Späher das Volk mit ihrem Bericht negativ beeinflussen, versuchen die beiden anderen – Josua und Kaleb –, das Volk zu überreden, Gott zu vertrauen. „Wir schaffen das. Gott ist bei uns. Er wird uns führen und uns das Land geben. Habt keine Angst." Unglücklicherweise geht der

Bericht der Skeptiker wie ein Lauffeuer durchs Lager und findet mehr Gehör.

Nachts hört man im ganzen Lager Weinen, weil die Israeliten angesichts ihrer Lage so verzweifelt sind. Und dann geht es erneut los: Sie jammern wieder herum. Wären sie doch nur in Ägypten oder in der Wüste gestorben – alles wäre besser gewesen, als im Kampf zu fallen, sodass die Frauen und Kinder als Sklaven verschleppt werden. Warum hat Gott sie nur in dieses Land geführt, wo sie ja sowieso nur getötet werden? In ihrer Wut und Verzweiflung beschließen sie, einen neuen Anführer zu ernennen, der sie nach Ägypten zurückführen soll. Die Lage ist düster, wirklich finster.

Dieses Ereignis ist einer der absoluten Tiefpunkte während der gesamten Wanderschaft des Volkes. Dass die Israeliten Gott ihr Vertrauen verweigern, hat schwerwiegende Folgen: Das Volk wird nicht in Kanaan einziehen. Die Menschen werden noch vierzig Jahre lang durch die Wüste ziehen – ein Jahr für jeden Tag, den die Späher das Land ausgekundschaftet haben. In dieser Zeit werden alle Erwachsenen, die die Wunder in Ägypten gesehen und erlebt haben, wie Gott sie in der Wüste versorgt hat, und die sich trotzdem weigerten, ihm zu vertrauen, in der Wüste sterben. Wegen dieser letzten Rebellion soll diese Generation, die ständig murrt und Gott verachtet, den Rest ihres Lebens außerhalb des verheißenen Landes zubringen. Dieses fruchtbare Land zu genießen und die Erfüllung der Verheißung zu erleben wird ihren Kindern vorbehalten bleiben. Die nächste Generation erst wird dort einziehen, aber diese rebellische, Gott verachtende, murrende Generation soll in der Wüste sterben.

Ich glaube, als Gott zwei Kapitel zuvor diese vernichtende, tödliche Plage mit den Wachteln schickte, wollte er genau das verhindern. Die Strafe für den Manna-Aufstand war ein Warnschuss vor den Bug, der ihnen eindrücklich zeigen sollte, dass sie sofort einiges ändern mussten, wenn sie eine Katastrophe abwenden wollten. Wenn die Israeliten ihre Lektion aus der Wachtel-Plage gelernt hätten, wären nur einige von ihnen in der Wüste gestorben. Gottes Strafe sollte sie korrigieren. Er fügte ihnen großen Schmerz zu, um unermessliches Leid zu verhindern. Die harte Strafe war ein Versuch, die ganze Sache noch zu retten.

Kinder strafen

Man kann Gottes Erziehungsmaßnahmen mit einer Eltern-Kind-Beziehung vergleichen. Vielleicht können wir besser verstehen, was Gott in unserem Leben tut, wenn wir uns einmal anschauen, wie das Thema „Strafe" an anderer Stelle in der Bibel behandelt wird, besonders im Hinblick auf die Vater-Sohn-Beziehung.

In Sprüche 23, Vers 13 lesen wir: „Erspare deinem Kind die harte Strafe nicht! Ein paar Hiebe werden es nicht umbringen!" Bei diesem Vers steigen in uns die unterschiedlichsten Gefühle hoch. Ein Kind zu schlagen klingt nach Kindesmisshandlung. Was hat das also in der Bibel zu suchen? Versuchen wir einmal, diese Anweisung in ihrem ursprünglichen Kontext zu sehen, und versetzen uns in die Zeit und Kultur zurück, in denen den Eltern dieser Rat gegeben wurde.

Das Buch der Sprüche entstand in einer stark landwirtschaftlich geprägten Kultur. Die Familien lebten von dem, was die Felder und Herden ihnen einbrachten. Jedes Jahr war ein neuer Kampf ums Überleben und die Faulheit einzelner Familienmitglieder konnte verheerende Folgen haben. Wer beschloss, dass das Pflügen zu anstrengend war, würde in diesem Jahr kein Brot zu essen haben. Wer zur Erntezeit beschloss, erst einmal ein paar Tage auszuschlafen, verlor unter Umständen die gesamte Ernte an Heuschrecken oder Hagel. In dieser Kultur kam es darauf an, dass man alles zum richtigen Zeitpunkt tat. Aber dabei ging es um mehr als nur um die Ernte. Wer bei der Feldarbeit nachlässig war, geriet womöglich in die heikle Situation, sich für das Nötigste Geld leihen zu müssen. Wer dann mit seinen Zahlungen nicht nachkam, lief Gefahr, sich selbst oder seine Kinder als Sklaven verkaufen zu müssen, um seine Schulden zu bezahlen. Das Sprichwort „Wer sich Geld leiht, ist abhängig von seinem Gläubiger" war damals wörtlich zu verstehen. Wer seine Schulden nicht begleichen konnte, wurde unter Umständen buchstäblich zum Sklaven des anderen. Oder die Kinder des Schuldners wurden zu Sklaven des Gläubigers, als Ausgleich für die ausbleibenden Zahlungen. Dadurch verschlimmerte sich jedoch alles, weil durch die fehlenden Kinder die Arbeitskraft der Familie stark geschwächt war. Es war eine gnadenlose Welt mit schwerwiegenden Konsequenzen.

Betrachten wir unter diesem Gesichtspunkt einmal die folgenden Verse aus den Sprüchen: „Klug ist, wer schon im Sommer einen Vorrat anlegt. Wer dagegen die Erntezeit verschläft, ist ein Dummkopf" (Sprüche 10,5). „Wer seine Felder bestellt, hat genug zu essen; wer unsicheren Geschäften nachjagt, auf den wartet die Armut!" (Sprüche 28,19).

Bedenken Sie auch, dass zu jener Zeit Kinder schon sehr früh sehr viel Verantwortung übernehmen mussten. Sie kennen vielleicht die Geschichte, in der berichtet wird, wie David vom Propheten Samuel zum zukünftigen König von Israel gesalbt wird. Als Samuel sich alle Brüder von David angesehen hat, fragt er Jesse, den Vater, ob er vielleicht noch einen Sohn hat. Der Vater antwortet, dass der Jüngste nicht zu Hause sei, weil er die Schafe hüte. Man nimmt an, dass David damals etwa dreizehn war. Er wäre also gerade mal in der siebten Klasse gewesen, als er einen großen Teil des Familienbesitzes hüten musste. Stellen Sie sich einmal vor, Ihr dreizehnjähriger Sohn müsste einen Teil Ihres Vermögens verwalten, dann können Sie sich in etwa vorstellen, wie es damals ablief. Willkommen in der Welt der Bibel. Wenn Ihre Familie auf diese Schafe angewiesen ist, weil Sie aus ihrer Wolle Kleidung machen und sich davon ernähren, und Ihr Sohn schläft bei der Arbeit ein oder kümmert sich nicht um kranke Lämmer, dann haben Sie ein ernsthaftes Problem. Und es ist wirklich *Ihr* Problem.

Da damals mehrere Generationen einer Familie unter einem Dach zusammenlebten (Großeltern, Eltern, Kinder, Enkel), konnte es passieren, dass man im Alter in Armut leben musste, auch wenn man sein ganzes Leben lang fleißig gearbeitet hatte, weil man den Familienbesitz an einen Sohn weitergegeben hatte, der faul und leichtsinnig war. Die finanzielle Situation der Eltern war aufs Engste mit der Arbeitsmoral der Kinder verbunden. In unserer westlichen Kultur, wo die Kinder meistens ausziehen, um auf eigenen Füßen zu stehen, geben wir ihnen den Rat mit: „Wenn du falsche Entscheidungen triffst, bringst du dich in Schwierigkeiten." Als das Buch der Sprüche verfasst wurde, sagten die Väter ihren Söhnen jedoch: „Wenn du falsche Entscheidungen triffst, bringst du uns alle in Schwierigkeiten."

Wenn der Verfasser der Sprüche, der weise König Salomo, den Einsatz von Schlägen als erzieherisches Mittel empfiehlt, geht es also hier nicht um solche Kleinigkeiten, wie den Hund nicht gefüttert oder den Fernseher nicht ausgeschaltet zu haben. Das Wohlergehen der gesamten Familie hing von der Sorgfalt jedes Einzelnen ab. Als Salomo diese Verse in seine Sammlung lebenswichtiger Weisheiten aufnahm, schrieb er sie für Leser, die wussten, dass Faulheit tödlich sein konnte. Salomo scheint den Leser aufzufordern, das Kind zur Not mit einer Rute aus dem Bett zu holen, wenn es während der Erntezeit beschließt, einmal auszuschlafen. Die blauen Flecke von der Rute bringen das Kind nicht um, aber seine Faulheit schon! Wenn die Kinder zu faul sind, muss womöglich die ganze Familie hungern. Der Vater fügt dem Kind also Schmerzen zu, um es vor Schlimmerem zu bewahren.

„Erzieh deine Kinder mit Strenge, dann kannst du Hoffnung für sie haben; lass sie nicht in ihr Verderben laufen!" (Sprüche 19,18; GN). „Erspare deinem Kind die harte Strafe nicht! Ein paar Hiebe werden es nicht umbringen! Im Gegenteil: Du rettest sein Leben damit!" (Sprüche 23,13–14). Lässt unser kleiner Ausflug in die damalige Zeit diese Verse in einem anderen Licht erscheinen? Zur Zeit der Sprüche bekam der faule Sohn die Rute nicht aus Hass zu spüren, sondern aus

Liebe. Man konnte damit dem Kind das Leben retten. Die Verweigerung von Strafe wurde sogar als eine Art passiver Hass gesehen. „Wer sein Kind nie schlägt, der liebt es nicht. Wer sein Kind liebt, der bestraft es beizeiten“ (Sprüche 13,24).

Als das Buch der Sprüche verfasst wurde, war die harte Strafe durch den Vater eine lebensrettende Maßnahme. Wenn der Vater bereit war, seinem Kind vorübergehend Schmerzen zuzufügen, wollte er damit weitaus größeres Leid abwenden. Und das war meines Erachtens auch Gottes Absicht, als er die Israeliten in der Wüste bei dieser Sache mit dem Manna und den Wachteln so hart bestrafte. Er strafte sie, um sie zu retten.

Der Verfasser des Hebräerbriefes führt das Ganze noch weiter aus: „Wenn ihr also leiden müsst, dann will Gott euch erziehen. Er behandelt euch als seine Kinder. Welcher Sohn wird von seinem Vater nicht streng erzogen und auch einmal bestraft?“ (Hebräer 12,7). Sollten wir uns unter einem gnädigen Gott nicht auch einen Gott vorstellen, der das Recht hat, wenn nötig zu bestrafen? Gott will uns oft durch schmerzhafte Strafen formen, erziehen und bewahren. Auch das ist Teil von Gottes Wesen. Er liebt uns genug, um uns Unbehagen zuzufügen, damit wir vor unseren eigenen schlechten Angewohnheiten, Charaktereigenschaften und Verhaltensweisen bewahrt werden, die unser geistliches Wachstum und sein Werk in unserem Leben behindern.

Unser Preis

Der Sohn eines Bekannten bekam wegen einer Kleinigkeit eine Verwarnung. Es war eine dieser Verwarnungen, für die man nur etwas in Ordnung bringen muss – in diesem Fall musste die defekte Birne eines Rücklichts ausgetauscht werden –, und dann muss man sich von der Polizei bestätigen lassen, dass die Mängel behoben sind (das ist bei uns in den USA so üblich). Der Sohn meines Bekannten ging aber nicht zur Polizei und ignorierte auch die mehrfachen gerichtlichen Mahnungen.

Seine Eltern erinnerten ihn immer wieder daran, dass er die Sache in Ordnung bringen müsse – was ihr Sohn aber nur als übertriebene Nörgelei auslegte. Seine Eltern wussten, dass ein unbezahlter Strafzettel zu einem großen Problem werden konnte, wenn ihr Sohn einmal von der Polizei angehalten werden würde. Aber er beachtete ihre Warnungen nicht. Als seine Mutter die Sache wieder einmal erwähnte, explodierte ihr Sohn. „Du behandelst mich wie ein kleines Kind! Lass mich in Ruhe, ich mach das schon." Ab diesem Punkt gaben die Eltern nach und überließen die Sache ganz ihrem Sohn.

Einige Wochen später war ihr Sohn gerade auf dem Weg zu seiner Freundin, als er im Rückspiegel einen Polizeiwagen mit Blaulicht sah. Der Beamte gab sein Kennzeichen zur Überprüfung in den Computer ein und stellte fest, dass es einen Haftbefehl für den jungen Mann gab. Direkt vor dem Haus seiner Freundin und unter den Blicken ihrer Eltern wurde er durchsucht, in Handschellen gelegt und im Polizeiwagen zum örtlichen Gefängnis gefahren. Um auf freien Fuß zu kommen, musste er eine Strafe zahlen, die mittlerweile mehr als zweitausend Dollar betrug. Er rief zu Hause an und bat seinen Vater kleinlaut zu kommen, die Strafe zu zahlen und ihn herauszuholen. Sein Vater antwortete: „Es tut mir wirklich leid. Deine Mutter und ich würden dir so gern helfen, aber leider haben wir dir versprochen, uns nicht einzumischen und dich die Sache selbst in die Hand nehmen zu lassen. An dieses Versprechen müssen wir uns halten. Du musst das selbst regeln."

Mein Bekannter gestand mir, dass er durchaus eingreifen und seinen Sohn herausholen wollte, wenn dieser nach einigen Tagen in ein städtisches Gefängnis verlegt werden würde, wo es für ihn tatsächlich gefährlich werden konnte. Aber bis dahin sollte sein Sohn die Strafe am eigenen Leib spüren – nicht weil sein Vater ihn hasste, sondern weil er ihn liebte. Dieser Mann wusste, was auf dem Spiel stand, wenn sein Sohn nicht anfing, an sich zu arbeiten. Der Preis würde mit der Zeit immer höher werden. Das wusste der Vater, und er versuchte, den Sohn auf diese Weise davor zu bewahren.

Sie stehen in der Schlange an der Supermarktkasse, als es vor Ihnen zu einem Kleinkrieg kommt. Eine übermüdete Dreijährige will unbedingt die Kekse haben, die im Einkaufwagen liegen. Die Mutter erklärt ihr, dass die Kekse für später gedacht sind, aber die Kleine quengelt: „Ich will sie aber jetzt!"

„Nein, Schatz", argumentiert die Mutter, „zu Hause nach dem Mittagessen bekommst du einen."

Die Kleine wird lauter und bettelt nicht mehr, sondern fordert. Sie tritt mit den Füßen gegen den Wagen. Im nächsten

Augenblick werden Sie Zeuge einer regelrechten Erpressung. „Entweder ich kriege jetzt sofort, was ich will, oder es wird zu einem unangenehmen Zwischenfall kommen", gibt die Kleine auf ihre Weise zu verstehen.

Die Leute fangen an, sich umzudrehen, und die Mutter, die eine Szene vermeiden will, gibt nach. „Aber nur einen", verhandelt sie. Sie beobachten, wie sie die Packung aufmacht und dem Kind seinen Willen lässt, und Sie flehen die Frau innerlich an, nicht nachzugeben. Am liebsten würden Sie herausplatzen: „Wenn Sie so schnell nachgeben, dann führt die Kleine zu Hause bald das Regiment!"

Diese scheinbar unbedeutenden Augenblicke stellen wichtige Prüfungen für uns Eltern dar.

Wir vergessen leicht, dass wir keine Kinder heranziehen, sondern zukünftige Erwachsene. Meine Aufgabe als Vater ist weitaus komplexer, als man allgemein annimmt. Ich muss nicht nur dafür sorgen, dass meine Kinder gehorchen. Meine Aufgabe besteht auch darin, Erwachsene heranzuziehen, die sich später einmal nicht für den Nabel der Welt halten. Sich selbst überlassene, egoistische Kinder werden später einmal zu selbstverliebten Mitarbeitern, Ehemännern oder Ehefrauen. Sinn einer Strafe ist es, Fehlverhalten rechtzeitig zu korrigieren, solange noch nicht allzu viel auf dem Spiel steht – wie zum Beispiel bei einem Kind, das im Supermarkt eine Szene macht. Aber ein Kind wird älter, hat den ersten Freund oder die erste Freundin, heiratet und hat selbst Kinder – und es steht immer mehr auf dem Spiel. Egoistische Verhaltensweisen können böse Folgen haben, je größer der Einflussbereich der Person wird.

Aber halten wir uns noch einmal kurz selbst einen Spiegel vor: Wir sind Kinder Gottes und deshalb lässt er uns die gleichen Erziehungsmaßnahmen zuteilwerden. Je weiter wir auf unserer Lebensreise voranschreiten, desto mehr steht auf dem Spiel. Nur Gott kennt unsere Zukunft, und er will uns vorbereiten auf das, was vor uns liegt. Er möchte, dass wir uns nicht von unseren charakterlichen Schwächen beherrschen lassen, sondern einen starken, christusähnlichen Charakter haben, so wie es seinem Plan für uns entspricht. Wenn wir wieder einmal im Land zwischen Aufbruch und Ankunft feststecken, dann ist es Gott vor allem wichtig, wie wir uns dort entwickeln. Er ist bereit, uns korrigierend zu strafen, um uns zu formen, zu erziehen und voranzubringen.

Teil 5

Wachstum

Kapitel 13

Ernte in der Wüste

Jedes Jahr im Juli findet in Traverse City im US-Bundesstaat Michigan das Kirschenfest statt. Die Süßwasserbuchten des Lake Michigan, an dem die Stadt liegt, machen sie zu einem beliebten Urlaubsziel. Aber schon seit Mitte des 19. Jahrhunderts lebt die Region hauptsächlich von der Landwirtschaft. Das Gebiet nördlich von Traverse City ist bekannt für seine Kirschplantagen, die sich an die steilen Hänge dieser wunderschönen Gegend schmiegen. Die beiden Buchten sorgen für ein Klima mit kühlen Frühlingstagen, trockenen Sommern und einem langen, warmen Herbst. Das sind ideale Klimabedingungen für die 2,6 Millionen Kirschbäume, die in der Region wachsen.

Der Südosten von Idaho, wo ich aufgewachsen bin, ist das Land der Kartoffeln. Wenn wir in unserer Kindheit im Sommer draußen spielten, kam ein Bus durch die Straßen gefahren und sammelte die Jugendlichen ein, die dann den ganzen Tag auf den Kartoffelfeldern arbeiteten und Bewässerungsleitungen legten. Einige der Baseballmannschaften für Kinder und Jugendliche dieser Region wurden von Firmen aus der Kartoffelbranche unterstützt und im Herbst gab es anlässlich der Kartoffelernte immer einige Tage schulfrei. Die Gegend ist perfekt geeignet für den Anbau von Kartoffeln. In der nährstoffhaltigen Vulkanerde und dem idealen Klima des Snake River Valley, wo es tagsüber warm und sonnig und nachts kühl ist, gedeihen die Kartoffeln bestens. Die Schneeschmelze in den Bergen sorgt für die nötige Feuchtigkeit, um weltweit einen der besten Orte für den Anbau von Kartoffeln zu schaffen.

Und jetzt meine Frage: Wenn in Traverse City ideales Klima für Kirschen herrscht und im Südosten von Idaho das ideale Klima für Kartoffeln, was wird dann wohl im „Land zwischen Aufbruch und Ankunft" wachsen? Auf unserer Reise durch die Wüste sind wir mit einem sehr rauen Klima konfrontiert, das mit emotionaler Erschöpfung, ermüdenden Verzögerungen, körperlichen Schmerzen und finanziellen Nöten einhergeht. Welche Frucht kann wohl unter diesen Bedingungen gedeihen? Wenn wir uns noch einmal den Weg der Israeliten durch die Wüste ansehen, dann merken wir, dass dort das ideale Klima für Veränderung und Wachstum herrscht. Nirgends sonst auf der Welt gibt es einen Boden, auf dem lebensverändernder Glaube besser wächst.

Welche Ziele verfolgt Gott in Wüstenzeiten

Während der Wüstenwanderung der Israeliten wollte Gott unter diesen rauen Bedingungen eine ganz bestimmte Frucht wachsen lassen: Er wollte, dass eine Vertrauensbeziehung wuchs. Er wollte eine enge Beziehung zu seinem Volk, und Vertrauen ist der Kleber, der jede Beziehung zusammenhält.

Von dieser Vertrauensbeziehung zu Gott würde es abhängen, ob das Volk sein Ziel erreichen würde oder nicht. Wenn sie einmal im verheißenen Land waren, sollten die Israeliten anders leben als die Völker in der Gegend: Sie sollten Gottes Wesen widerspiegeln. Das Gesetz – du sollst nicht töten, du sollst nicht stehlen, du sollst nicht die Ehe brechen, du sollst Vater und Mutter ehren und so weiter – sollte Israel von den übrigen Völkern unterscheiden. Andere Menschen sollten durch dieses treue, wahrhaftige, zuverlässige und ehrbare Volk auf den Schöpfer hingewiesen werden, zu dessen Eigenschaften Treue, Wahrheit, Zuverlässigkeit und Ehre gehören. Die Israeliten sollten durch ihren Lebensstil zeigen, wie der Schöpfer ist.

Händler, die auf den Karawanenstraßen zwischen Babylon und Ägypten unterwegs waren, würden die Geschichten über dieses seltsame Volk von einem Land ins andere tragen. Ich kann mir lebhaft vorstellen, wie sie erzählen: „Da muss man nicht mal die Tür abschließen, weil praktisch nie was geklaut wird. Wir konnten nachts schlafen, ohne Angst haben zu müssen, dass wir umgebracht würden oder unsere Ware gestohlen würde. Ehre und Respekt werden sehr hoch gehalten. Sie ehren ihre Eltern, ihre Nachbarn und halten ihre Versprechen. Männer und Frauen brechen das Ehegelübde nicht. Auf den Hügeln gibt es keine Altäre für Baal oder Moloch. Und ihr Gott segnet sie ganz offensichtlich."

Das war der Plan, den Gott für sein Volk hatte. Sie wurden das auserwählte Volk genannt. Aber wozu waren sie auserwählt? Sie waren dazu auserwählt, um Gottes Wesen widerzuspiegeln. Durch den vorbildlichen Lebenswandel der

Kinder Abrahams sollten ganze Völker zu Gott hingezogen werden. Aber ob sie dieses Ziel erreichten, hing davon ab, ob sie Gott vertrauten. Die Israeliten mussten Gott genug vertrauen, um ihm zu folgen. Wenn sie Baal anbeteten, ihre Nachbarn bestahlen und ihr Ehegelübde brachen, würde der Plan des Schöpfers fehlschlagen.

Deshalb war es so wichtig, dass die Israeliten das „Land zwischen Aufbruch und Ankunft" durchquerten. Betrachten wir noch einmal den Zustand des Volkes, als es aus Ägypten auszieht: Zum Zeitpunkt des Auszugs aus Ägypten ist das Volk Israel im Grunde bloß ein Haufen lose verbundener Stämme, die über Generationen der ägyptischen Götterwelt ausgesetzt gewesen sind, und das ist deutlich zu erkennen. Als Mose auf den Berg Sinai steigt, um die Gesetzestafeln entgegenzunehmen, wartet das Volk ungeduldig unten. Dieses Gesetz soll den Rahmen für die Beziehung zwischen Gott und seinem Volk bilden, und während Mose oben die Worte hört: „Du sollst keine anderen Götter neben mir haben" und: „Du sollst dir kein Bildnis machen, weder von dem, was oben im Himmel, noch von dem, was unten auf Erden, noch von dem, was im Wasser unter der Erde ist", gießt sich das Volk unten ein goldenes Kalb und betet es an!

Das ist das Volk, das den Gott Israels repräsentieren soll, in dem Land, das seinen Vorfahren, Abraham, Isaak und Jakob, verheißen worden war. Aber diese Menschen sind noch überhaupt nicht Gottes Volk. Dieses Volk von Sklaven kennt und vertraut dem Gott seiner Vorfahren, dem Schöpfer des Himmels und der Erde nicht. Es hat nur eine sehr vage Vorstellung von dem „Ich bin der ich bin". Es hat keine echte Beziehung zu ihm, sondern kennt nur die Geschichten von früher. Die Wüste sollte sein Trainingslager, seine Grundausbildung sein. In der Wüste sollte aus einem Volk von Sklaven das Volk Gottes werden.

Weil aus ihnen Gottes Repräsentanten werden sollten, wurden sie mit Situationen konfrontiert, in denen sie entweder Vertrauen lernen mussten oder versagen würden. Gott fragte sie: „Werdet ihr mir auch dann vertrauen, wenn das Wasser knapp wird? Werdet ihr mir auch dann vertrauen, wenn es nicht genug zu essen gibt? Werdet ihr mir auch dann vertrauen, wenn euch die Nahrung, mit der ich euch versorge, zum Hals heraushängt? Werdet ihr mir auch dann vertrauen?" Leider versagt das Volk – und zwar immer wieder.

Die Wildnis ist ein großartiger Ort, um Vertrauen zu lernen. Wenn wir begreifen, warum wir selbst gerade das Land zwischen Aufbruch und Ankunft durchqueren, werden wir vielleicht mit Gott zusammenarbeiten, anstatt uns gegen seinen Plan für uns zu sträuben: Er möchte uns Vertrauen lehren. Er möchte uns verändern. Gott bringt uns aus Ägypten in die Wüste, damit wir eine engere Beziehung zu ihm aufbauen und uns verändern. Wir müssen verändert werden. Wir müssen wirklich und dauerhaft verändert werden. Wir fürchten uns vor solchen Wüstenzeiten, weil sie nicht gerade einfach sind. Für uns ist diese Zeit im Land zwischen Aufbruch und Ankunft etwas, das wir irgendwie überleben und hinter uns bringen müssen. Aber wenn wir begreifen, was Gott damit bezweckt, können wir mit ihm zusammenarbeiten und zulassen, dass er in uns genau das bewirkt, was wir nötig haben. Statt zu murren, können wir uns Gott zuwenden und ehrlich und von Herzen zu ihm rufen und glauben, dass er uns hört. Wir können darauf vertrauen, dass er auf eine Art und Weise für uns sorgt, die wir uns nicht einmal vorstellen können. Wir können darauf vertrauen, dass er uns sieht, unsere Bedürfnisse kennt und uns in liebevoller Fürsorge ansieht. Wir können die Disziplin, die er uns abverlangt, als rettende, lebensverändernde Maßnahme sehen. Wenn wir den Sinn der Wüstenzeit begreifen, können wir mit Gott zusammenarbeiten, damit unsere Hoffnung auf dauerhafte Veränderung und nicht nur momentane Erleichterung erfüllt wird.

Das Land zwischen Aufbruch und Ankunft bietet fruchtbaren Boden, auf dem lebensveränderndes Wachstum möglich ist.

Kapitel 14

Schritt für Schritt wachsen

Zum ersten Mal seit ihrer Heirat stellen John und Brenda gemeinsam einen Haushaltsplan auf. Die jährlichen Gehaltserhöhungen und Boni hatten sie in ihrem Umgang mit ihren Finanzen nachlässig werden lassen, ohne dass dies aber schlimme Folgen gehabt hätte. Mit jeder Gehaltserhöhung oder jedem Bonus war ihr Lebensstandard etwas angestiegen. Jedes Jahr war der Gehaltsscheck etwas größer, aber trotzdem blieb nicht mehr übrig. Sie lebten zwar nicht über ihre Verhältnisse, aber sie gaben alles aus, was sie verdienten.

Von Zeit zu Zeit stöhnte Brenda auf: „Wenn wir so viel verdienen, warum können wir dann nicht mehr sparen? Wo verschwindet das ganze Geld bloß hin?“ Aber diese frustrierte Feststellung war nie Motivation genug, dass sie sich einmal hingesetzt und sich mit ihren Konsumgewohnheiten auseinandergesetzt hätten.

Aber jetzt hat sich das geändert. Die gute Nachricht ist, dass John von der letzten Entlassungswelle in seiner wirtschaftlich angeschlagenen Firma nicht betroffen ist. Die schlechte Nachricht ist, dass er ab jetzt 30 Prozent weniger verdient als im Vorjahr. Und das Weihnachtsgeld, mit dem er mittlerweile jedes Jahr fest gerechnet hat, wird es dieses

Jahr definitiv nicht geben – und auch in absehbarer Zukunft nicht.

Bis spät abends sitzen sie da und erstellen eine Liste aller Ausgaben. Ihre drei Töchter, die im Grundschulalter sind, schlafen schon längst. Sie wühlen sich durch die Ausgaben des vergangenen Jahres und berechnen Nebenkosten, Raten für das Haus, Grundsteuern, Kfz-Versicherung, Reparaturen und Benzin. Sie versuchen zu schätzen, wie viel sie jede Woche für Lebensmittel ausgeben. Aber jedes Mal, wenn sie glauben, sie haben jetzt ihre jährlichen Ausgaben errechnet, fällt ihnen etwas Neues ein, das noch auf die Liste muss: Weihnachtsgeschenke, Reinigung, Internetgebühren, neue Schulkleidung.

Wenn sie sich früher über Geld unterhalten haben, endete das immer in wütenden Anschuldigungen und Vorwürfen. Aber heute ist es anders. Hin und wieder wird das Gespräch etwas hitziger, aber es wird nie verletzend. Das ist das erste Anzeichen von Gnade.

Als es auf Mitternacht zugeht, haben sie das Gefühl, jetzt endlich einen funktionierenden Haushaltsplan erstellt zu haben. John ist leicht schockiert, als er feststellen muss, dass sie ihre gesamten Ausgaben auch mit 70 Prozent seines bisherigen Einkommens decken können. Aber bisher steht alles nur auf dem Papier. In der Wirklichkeit, wo Autos kaputtgehen, Kühlschränke den Geist aufgeben und man mit Kindern, die einen Salto über den Fahrradlenker gemacht haben, in die Notaufnahme fahren muss, muss sich der Haushaltsplan erst noch bewähren.

Was sie ebenfalls erschreckt, ist die Erkenntnis, dass sie gerade so über die Runden kommen werden und dass sie viele der Annehmlichkeiten, die sie sich in den Jahren des Wohlstandes gegönnt haben, von ihrem neuen Haushaltsplan streichen müssen. Sie werden nicht mehr jedes Jahr für eine Woche an den See fahren und dort ein Ferienhaus mieten. Sie werden den Mädchen erklären müssen, dass sie nicht mehr auf die Sommerfreizeit fahren können, und an ihrem Boot, das in der Einfahrt stand, wird jetzt „zu verkaufen" stehen. „Vielleicht sollten wir noch dranschreiben: Unsere Badewanne ist zu klein", meint John scherzhaft. Beiden fällt positiv auf, dass sie ihren Humor nicht verloren haben, obwohl sie sich von ihrem bisherigen Lebensstandard verabschieden müssen. Auch das ist ein Zeichen von Gottes Gnade.

Gemeinsam beginnen sie einen neuen Lebensabschnitt und können dabei auf ihren Glauben bauen, der über die Jahre gewachsen ist, auch wenn er bisher nie besonders auf die Probe gestellt wurde. Während sie sich daranmachen, ihren Lebensstandard einzuschränken, wird ihnen klar, dass es hier um eine ganz wichtige Frage geht: Wird ihr Glaube, dass Gott gut ist und sie liebt, auf festen Beinen stehen, wenn die Dinge sich negativ entwickeln? Werden sie auf die Einschränkungen anders reagieren, weil sie in den Gottesdienst gehen, im Bibelkreis für junge Ehepaare mitarbeiten, Teil eines Hauskreises sind? Oder kurz gesagt: Wird sich jetzt zeigen, dass ihre Beziehung zu Jesus tragfähig ist? Beide haben das Gefühl, dass hier etwas ganz Wichtiges auf dem Prüfstand steht. Innerlich beschließen sie, Gott bei diesem Abenteuer zu vertrauen.

Als es Sommer wird, erleben John und Brenda Gottes Güte in vielfacher Weise. Sie entdecken ganz einfache Freuden, die ihnen in ihrem Überfluss verloren gegangen waren.

Sie entdecken ihren Garten wieder neu und wie viel Spaß es machen kann, Marshmallows im Feuer zu rösten. Wie wunderbar ist es, dass man mit einer einzigen Tüte Marshmallows erinnerungswürdige Momente schaffen kann. Sie entdecken einen Park ganz neu, in den sie vor Jahren immer mit den Kindern gegangen sind. Sie genießen ein Picknick mit Schinkensandwiches und Karotten auf einer alten Decke am Bach. Sie entdecken ganz neu die örtliche Bücherei und melden die Mädchen zu einem Sommerleseklub an.

Eines Tages, im Frühsommer, kommt John von der Arbeit nach Hause, als Brenda ihn freudestrahlend in den Garten hinauswinkt. Sie hat sich von den Nachbarn eine Gartenfräse geliehen und präsentiert ihm jetzt stolz ihren zukünftigen Gemüsegarten. Es erweist sich zwar als bloßer Wunschtraum, dass die Mädchen ihr freudig beim Unkrautjäten im Garten helfen werden, aber Brenda macht es große Freude zuzusehen, wie alles wächst, und ihrer Familie Salat mit eigenen Gurken vorsetzen zu können.

Natürlich ist ihr Weg nicht frei von Schmerz, Frust und Angst. Aber indem sie Dinge loslassen, Gewohnheiten ablegen und auf Aktivitäten verzichten, gewinnen sie mit der Zeit etwas zurück. Es fällt John und Brenda schwer, in Worte zu fassen, was sie entdeckt haben, aber ein Gefühl der Genügsamkeit und der Freude an einfachen Dingen wächst in ihnen wie eine Pflanze im Gewächshaus. Ihr früherer unersättlicher Kaufzwang fängt an, ihnen grauenhaft zu erscheinen. Sie waren in einen Teufelskreis von „mehr verdienen" – „mehr haben wollen" – „mehr ausgeben" geraten. Sie stellen fest, dass dieses Verhaltensmuster ihre Seelen betäubt hat und dass

Gott sie daraus befreien will. Aber ihre alten Gewohnheiten waren so bequem, dass sie mit Gewalt herausgerissen werden mussten.

Als Brenda Jahre später auf diese Zeit zurückschaut, beschreibt sie sie als eine Phase, in der ihr Glaube greifbarer wurde. Die Prüfungen sorgten dafür, dass ihr Vertrauen auf Gott sich vertiefte und dass sie Gehorsam lernte. Obwohl sich ihre finanzielle Lage noch nicht verändert hat, weiß sie doch, dass die Probleme Teil von Gottes Rettungsaktion waren. Er hat sie aus ihrer mangelnden Kreativität gerettet. Er hat sie vor der heimtückischen Lüge gerettet, man sei, was man habe. Er hat sie vor dem falschen Versprechen gerettet, dass „immer mehr" irgendwann einmal genug sein würde.

Genau aus der Erfahrung, der wir am liebsten aus dem Weg gehen würden, kann vielleicht die Frucht wachsen, die wir am nötigsten brauchen. Das Land, in dem wir am wenigsten sein möchten, bringt vielleicht die Frucht hervor, die wir am liebsten hätten – wenn wir es nur zulassen und wenn wir unser Herz öffnen und uns Gott zuwenden wie Mose, statt uns verbittert von Gott abzuwenden wie die Israeliten. Ob wir wie Mose oder wie die Israeliten reagieren, hängt zum Teil davon ab, wie wir vor unserer Wüstenzeit gelebt haben – insbesondere davon, welche geistlichen Gewohnheiten wir uns angeeignet haben. Oft ist es das geistliche Wachstum, das wir in früheren Zeiten Schritt für Schritt verfolgt haben – so wie John und Brenda, als sie noch viel Geld hatten –, das dann in der Zeit, die wir im Land zwischen Aufbruch und Ankunft verbringen, die Grundlage für lebensveränderndes Wachstum bildet.

Zentimeter für Zentimeter wachsen

Rapides Wachstum ist oft die Folge einer solchen Zeit im Land zwischen Aufbruch und Ankunft. Schwere Zeiten sorgen dafür, dass wir uns stärker von Gott abhängig machen und ihm noch mehr vertrauen. Diese unerwünschten Situationen sind oft die Grundlage für schnelles Wachstum und grundlegende Veränderungen. Aber Gott will immer, dass wir wachsen, ganz gleich, in welcher Lebenslage wir uns befinden. Er arbeitet immer an uns, um uns weiterzubringen, uns zu formen und immer mehr nach seinem Ebenbild zu formen. Auch in guten Zeiten können wir wachsen, nur geht das Wachstum dann eher schrittweise und allmählich vonstatten und bleibt deshalb oft unbemerkt.

Mit *schrittweisem Wachstum* meine ich ein langsames, aber gleichmäßiges Vorwärtskommen in der richtigen Richtung. Dieses allmähliche Wachstum vollzieht sich oft mithilfe von geistlichen Übungen, die wir bereitwillig regelmäßig praktizieren. Wir gehen in den Gottesdienst, pflegen unsere persönlichen Zeiten mit Gott und gehen vielleicht auch noch in einen Hauskreis. Durch diese geistlichen Übungen wachsen wir Tag für Tag, Zentimeter um Zentimeter.

Schrittweises Wachstum vollzieht sich oft da, wo unser Leben gerade ohne große Störungen verläuft. Wir können unsere Hypothek abbezahlen und vielleicht noch ein bisschen Geld zur Seite legen, unsere Kinder kommen abends nüchtern und zu einer vernünftigen Uhrzeit nach Hause, in unserer Ehe läuft es gut, die Arbeit macht uns Freude, und unser Arzt hat uns bestätigt, dass gesundheitlich alles in Ordnung ist.

Oder vielleicht treffen auch nur einige dieser Dinge zu. Auf jeden Fall haben wir das Gefühl, dass das Leben im Moment dahinplätschert und alles glattgeht.

In diesen relativ ruhigen Zeiten erleben wir meist kein rapides Wachstum, das unser Leben dramatisch verändert – eine Veränderung, aus der wir als vollkommen neuer Mensch hervorgehen. Diese Art des Wachstums findet eher unter großem Druck statt. Aber „stetes Mühen", wie es in den Sprüchen heißt, oder auch die beständige Gewohnheit, sich persönlich und geistlich weiterzuentwickeln, sorgt für schrittweises Wachstum und kann sehr viel in unserem Leben bewirken.

Schrittweises Wachstum sorgt dafür, dass wir immer weiter vorwärtskommen. Wir treten nie lange auf der Stelle. Entweder bewegen wir uns vorwärts oder wir gehen rückwärts. Schrittweises Wachstum ist ein Wachstum, das man vielleicht nicht sofort bemerkt. Auch wenn wir uns nur zentimeterweise vorwärtsbewegen, bewegen wir uns doch in die richtige Richtung, und so verhindert das schrittweise Wachstum, dass wir vom Weg abkommen.

Außerdem bringt das tägliche, schrittweise Wachstum unsere Herzen immer mehr in Einklang mit Gottes Herz, sodass wir, wenn wir in eine große Krise geraten, mit größerer Wahrscheinlichkeit so reagieren, dass es zu unserem Besten ist. Alltäglicher Gehorsam hilft uns, Verhaltensweisen zu entwickeln, durch die wir, wenn wir mit einer schweren Prüfung konfrontiert sind, mit Gottvertrauen reagieren und Gottes veränderndes Werk in uns zulassen können.

Der Unfall

Doug und Beth sind seit fast 24 Jahren ehrenamtliche Mitarbeiter in der *Ada Bible Church*. Sie gehören zu den Familien, die schon dabei waren, als die Gemeinde noch so klein war, dass wir uns bei jemandem im Wohnzimmer treffen konnten – damals, als noch jeder jeden kannte.

Als der Unfall geschah, waren ihr Sohn zehn und ihre Tochter fünfzehn Jahre alt. Damals war Doug Leiter der christlichen Gefängnisarbeit *Prison Fellowship* in Michigan, der größten Gefängnisarbeit im Land, und Beth hatte gerade angefangen, als Leiterin für den Fachbereich Leichtathletik an einer christlichen Schule zu arbeiten. Sie hatte schon immer davon geträumt, irgendwann einmal so etwas zu machen. Sie liebt nicht nur Kinder und Leichtathletik leidenschaftlich, sondern kann auch hervorragend planen und organisieren. Und trotz der langen Arbeitszeiten hatte sie viel Freude an ihrer Arbeit.

Der Anruf kam an Dougs Geburtstag 2001. Es wurde ihm nur mitgeteilt, dass Beth bei der Arbeit gestürzt sei und dass er so schnell wie möglich kommen solle. Sein erster Gedanke war, dass sie wahrscheinlich auf dem nassen Boden ausgerutscht und gestürzt war und sich den Fuß verstaucht oder das Knie verletzt hatte. Nichts Schlimmes. In Wirklichkeit war Beth beim Wegräumen der Sporttrikots eine Treppe hinabgefallen, die auf einer Seite offen war. Sie war drei Meter in die Tiefe gestürzt und auf Betonfußboden aufgekommen. Dabei hatte sie sich einen Nerv im Rücken eingeklemmt und ist seither von den Knien abwärts gelähmt. Beth kann nicht mehr ohne Beinschienen und Gehhilfe laufen.

Als ich Doug kürzlich einmal fragte, welchen Herausforderungen sie sich nach Beths Sturz gegenübersahen, meinte er, dass es für Beth eigentlich nur eine große Herausforderung gegeben habe: zu lernen, alles anders zu machen. Sie macht nichts mehr so wie vor dem Unfall. Alles ist anders. Der Unfall hat sich auf alle Bereiche ihres Lebens ausgewirkt: vom Autofahren übers Anziehen bis hin zum Putzen und zur Gartenarbeit. Das erste Jahr war das schwierigste, da sie alles neu lernen musste.

Wie würde die neue „Normalität" aussehen? Manche Tage waren sehr frustrierend und voller Enttäuschungen. Jedes Mal, wenn sie dachten, sie hätten wieder etwas gelernt, sahen sie sich einer neuen Herausforderung gegenüber. Eines hat der Unfall bewirkt: Er hat ihnen gezeigt, dass sie sich verändern können, wenn sie müssen, auch wenn die Veränderung mühsam ist.

Aber das Fundament ihres Glaubens habe dieser Unfall nie infrage gestellt, meint Doug. Natürlich hatten sie viele Fragen, von denen die meisten nie beantwortet wurden (und es wahrscheinlich auch nie werden). Natürlich gab es Tage, an denen die Enttäuschung, der Schmerz und die Frustration überwältigend waren. Aber während dieser Zeit zweifelten Doug und Beth nie an Gottes Güte.

Es war ihnen zwar nicht bewusst, aber sie hatten sich mehr als vierzig Jahre lang darauf vorbereitet. Vierzig Jahre lang hatten sie gelernt und fest geglaubt, dass Gott gut ist. Sie hatten es im Gottesdienst gehört, im Bibelunterricht, in Ferienlagern, Jugendgruppen, Hauskreisen, Arbeitsgruppen und auf Konferenzen. Vierzig Jahre lang war ein Fundament gelegt worden, auf dem sie ihr (Glaubens-)Leben aufgebaut hatten, sodass sie dem Sturm, der kam, standhalten konnten.

Nach dem Unfall ließ Doug sich auf einem Armband folgende Worte eingravieren: „Das Leben ist schwierig. Gott ist gnädig. Der Himmel ist uns gewiss." Sie stammen aus dem Buch „Sehnsucht nach der unsichtbaren Welt" von Philip Yancey[1] und geben genau Dougs Verständnis des Unfalls wieder.

Doug sagt, der Unfall habe ihm ganz klar gezeigt, wie wichtig es sei, über die Jahre hinweg ein solides geistliches Fundament zu legen. Wenn wir bei Kleinigkeiten immer und immer wieder Ja sagen zu Gott, bereiten wir unser Herz darauf vor, auch dann Ja zu Gott zu sagen, wenn alles auf dem Spiel steht. So werden wir durch beständiges, schrittweises Wachstum auf echte Zerreißproben vorbereitet – und zwar so, dass wir sie nicht nur einfach überleben, sondern dadurch auch noch verändert werden.

---

1 Philip Yancey: *Sehnsucht nach dem unsichtbaren Gott*. Gerth Medien, Aßlar, 2004. S. 102.

Kapitel 15

Lebensveränderndes Wachstum

In den meisten Filmen über Sportler kommen zwangsläufig auch Szenen vor, die zeigen, wie der Athlet sein hartes Training durchzieht oder über sich ergehen lässt, um sich auf das ganz große Spiel oder den ganz großen Wettkampf vorzubereiten. Diese Szenen werden gewöhnlich von flotter Musik begleitet, um die richtige Stimmung zu erzeugen.

Denken wir einmal an den ersten „Rocky"-Film, der 1976 in die Kinos kam.[2] Sylvester Stallone spielt darin Rocky Balboa, einen Boxer, der gegen den Schwergewichtschampion Apollo Creed einen Wettkampf über die volle Rundenzahl bestreiten will. Während Rocky durch die Straßen von Philadelphia joggt, Liegestütze mit einem Arm macht, mit dem Speedbag trainiert und in einem Kühlraum herumtanzt und auf eine Rinderhälfte einschlägt, läuft im Hintergrund die Titelmusik „Gonna Fly Now". In diesem kurzen Zusammenschnitt von Trainingsszenen wird Rocky immer beweglicher und schneller, bis zu jener Szene, in der er die Treppe zum Philadelphia Kunstmuseum hochsprintet, oben in typischer

---

2 1977 in die deutschen Kinos.

Rocky-Pose triumphierend die Fäuste hochreißt und seinen Blick über die Stadt schweifen lässt.

Bedenken Sie einmal, welche Funktion dieser Zusammenschnitt im Film hat. Hier wird ein monatelanges Training innerhalb von wenigen Minuten wiedergegeben, um dem Zuschauer zu zeigen, dass Rocky bereit ist, den Preis für den Kampf zu zahlen. Er erträgt die Schmerzen aus einem ganz bestimmten Grund: Rocky will ein ganz anderer Mensch werden – aus dem schlecht trainierten, undisziplinierten Streithahn im Fitnessstudio soll ein durchtrainierter Herausforderer für den Boxchampion werden. Um diese Veränderung zu erreichen, wird er angetrieben, gefordert und seelisch und körperlich zermürbt. Am Ende der Szene ist er für den großen Kampf bereit. Gonna fly now – ich werde jetzt fliegen.

Diese Szenen mit dem heldenhaften Training werden auch in den späteren „Rocky“-Filmen wiederholt. In „Rocky IV“, der während des Kalten Krieges spielt, bereitet sich Rocky auf einen Kampf gegen den Russen Ivan Drago vor. In diesem Film hat sich Rocky für sein Training auf eine entlegene, verschneite Farm zurückgezogen, die aussieht, als läge sie in Sibirien. Rocky bringt sich mithilfe der einfachen Hilfsmittel, die ihm dort zur Verfügung stehen, in Form. Die Szenen werden unterbrochen von Bildern von Drago, der in einem modernen, hoch technologisierten Studio trainiert, wo der Computer alle seine Werte überwacht und exakt misst. Rocky hackt zur Musik von „Hearts On Fire“ Holz, schleppt sich mit einem schweren Holzklotz auf den Schultern durch knietiefen Schnee, macht in einer rustikalen Scheune Situps – kopfüber vom Dachbalken hängend – und rennt einen zerklüfteten

Berghang hinauf, von dem er oben eine atemberaubende Aussicht hat. Als er auf dem Berggipfel steht, erinnert das an die Szene aus dem ersten „Rocky"-Film, in der er auf den Stufen des Kunstmuseums steht, und es endet wie erwartet auch mit der gleichen, triumphierenden Rocky-Pose – mit hochgereckten Fäusten.

Jemand trainiert. Ein Athlet will ein übermenschliches Ziel erreichen, und das ist mit viel Schmerz und Krafteinsatz verbunden. Diszipliniertes Training taucht nicht mal eben kurz im Film auf, sondern es ist ein entscheidender Faktor des Films. Ohne diese Form von regelmäßiger Disziplin funktioniert die Geschichte nicht. Ohne diesen zielstrebigen Kampf wäre die Handlung oberflächlich. Eine Geschichte über einen begabten Athleten, der ohne besondere Vorbereitung den Titelkampf gewinnt, macht einfach keinen guten Film aus. Die Szenen von Rockys Training nehmen den Zuschauer mit hinein in eine dramatische Entwicklung, in der ein Mensch sich abmüht, leidet und am Ende siegreich ist. Das ist eine gute Geschichte.

Wir alle trainieren für etwas – und dieses Training ist hart. Es kann lange dauern. Aufgrund der zeitlichen Begrenzung des Films wird wochen- und monatelanges hartes Training auf wenige Minuten zusammengeschnitten. In Wirklichkeit müssen wir für unser geistliches Wachstum oft längere Wüstenzeiten durchmachen – nicht wenige Minuten, sondern eher Monate und Jahre. Mir persönlich gefallen ja die paar Minuten im Film besser.

Wenn wir uns angewöhnen, beständig und täglich auf Gott zu hören, solange im Leben alles glattläuft, kann uns das wirklich Kraft schenken und voranbringen. Aber neben diesem schrittweisen Wachstum gibt es auch noch eine andere Art von Wachstum: *lebensveränderndes Wachstum*. Es ist diese Art von Wachstum, bei der wir wissen: „Diese Erfahrung wird mein Leben für immer verändern." Dieses Wachstum wurzelt oft in schmerzhaften Verlusten, unbestimmtem Warten oder totaler Orientierungslosigkeit.

Und im Land zwischen Aufbruch und Ankunft herrscht genau das richtige Klima für dieses lebensverändernde Wachstum. Wenn uns unsere finanzielle Sicherheit genommen wird, wir in Kummer zu ersticken drohen, unser Körper schwach wird oder eine wichtige Beziehung zerbrochen ist, dann befinden wir uns an einem Ort, an dem der Boden perfekt geeignet ist für tiefgreifende, dauerhafte Veränderungen.

Aber ich muss Sie warnen: Im Land zwischen Aufbruch und Ankunft kann der Glaube auch absterben. Denken Sie nur an die Israeliten. Lebensveränderndes Wachstum geschieht nicht automatisch. Es kann genauso gut passieren, dass wir kein lebensveränderndes Wachstum erfahren, sondern nach einer Wüstenerfahrung verbittert und sauer auf Gott sind und kein Vertrauen mehr in ihn haben. Die Entscheidung liegt bei uns.

Umleitungen

Im Sommer werden im Westen des amerikanischen Bundesstaates Michigan erfahrungsgemäß die Straßen ausgebessert. Der winterliche Frost und das anschließende Tauwetter haben verheerende Auswirkungen auf die Straßen, sodass sie im Sommer häufig für Reparaturen gesperrt werden. Die ausgeschilderten Umleitungen führen die Pendler oft meilenweite Umwege auf dem Weg zur Arbeit beziehungsweise nach Hause. Vor zwei Jahren kam ich selbst einmal in den Genuss einer solchen Umleitung. Ich wollte nach Ada fahren, einen Ort nicht weit von dort, wo wir wohnen. Wenige Hundert Meter vor meinem Ziel musste ich feststellen, dass die Brücke über den Thornapple River wegen Reparaturarbeiten gesperrt war. Die Umleitung war etwa fünfzehn Kilometer lang. Es war vor allem deshalb so ärgerlich, weil ich das Gefühl hatte, so kurz vor meinem Ziel zu stehen, und doch noch so weit fahren musste. Es waren noch etwa dreihundert Meter, aber ich musste noch fünfzehn Kilometer fahren, um dort hinzukommen. So ist das oft mit Umleitungen – sie führen uns weit außenherum.

Umleitungen im Straßenverkehr sind eine einfache Sache. Die Umwege in unserem Leben, die uns in das Land zwischen Aufbruch und Ankunft führen und unser Leben monate-, vielleicht sogar jahrelang aus dem Gleichgewicht bringen, sind dagegen sehr ermüdend.

Ted und Ashley sind Ende zwanzig und seit zwei Jahren miteinander befreundet. Ihre Beziehung ist bereits so verbindlich, dass sie wichtige Feiertage mit der Familie des jeweils anderen verbringen. Ashley glaubt, dass sie sich bald verloben werden. Eines Abends, als sie zusammen sind, wirkt Ted nervös, und es ist offensichtlich, dass er gleich ein heikles Thema ansprechen wird. Schließlich schlägt er verlegen vor: „Was hältst du davon, wenn wir einmal mit anderen Partnern ausgehen?" Kurz darauf erfährt sie, dass er das bereits getan hat.

Ashley glaubte, dass sie auf der Straße, auf der sie unterwegs war, nur noch dreihundert Meter von ihrer Verlobung entfernt war, als sie plötzlich vor einer Straßensperre stand. Keine Durchfahrt. Umleitung. Sie weiß noch nicht, wie groß der Umweg sein wird. Sie hat das Gefühl, als seien die letzten zwei Jahre ihres Lebens umsonst gewesen. „Wie weit muss ich jetzt auf dieser neuen Straße gehen, bis ich wieder auf die Straße der Freundschaft komme, die dann zur Straße einer verbindlichen Beziehung und schließlich wieder zur Verlobung führt? Wie lange wird es dauern, bis ich wieder an diesem Punkt ankommen werde?"

Phil sitzt am Flughafen. Er hat ein Vorstellungsgespräch in Kansas. Die gute Nachricht ist: Er hat ein Vorstellungsgespräch. Die schlechte Nachricht ist: Es ist in Kansas. Er hat nichts gegen Kansas, aber er war noch nie dort. Seit seiner Collegezeit hat er in Chicago gelebt. Jetzt ist er 54. Die Straße, auf der er unterwegs gewesen war, hieß „sicherer Arbeitsplatz". Aber dann kam das Hinweisschild: Straße gesperrt. Umleitung. „Wird diese Umleitung mich nach Kansas führen? Werde ich auf diesem Weg unser Haus verkaufen und ein neues Haus kaufen müssen, das dann aber weit von unseren Enkeln entfernt ist?" Er war nie auf die Idee gekommen, dass er mit 54 noch nach Kansas ziehen würde.

Es gibt viele Arten von Umleitungen:

- die Umleitung Krebs;
- die Umleitung einer Scheidung, die man eigentlich nicht will;
- die Umleitung einer Insolvenz;
- die Umleitung eines Kindes, das von zu Hause weggelaufen ist.

Manche folgen schon so lange einer Umleitung, dass sie sich fragen, ob sie sich überhaupt noch an der richtigen Straßenkarte orientieren. Sie stecken mitten im Land zwischen Aufbruch und Ankunft fest und haben nicht die geringste Ahnung, wie lange sie noch dort unterwegs sein werden.

Josefs Umleitung

Schauen wir uns einmal eine Person an, von der man sagen könnte, dass sie eine beträchtliche Umleitung in Kauf nehmen musste. Spulen wir von Abraham ein paar Generationen vor. Der Segen, der von Abraham an Isaak weitergegeben wurde, lag jetzt auf Jakob. Jakobs Familienverhältnisse waren etwas kompliziert, weil er von seinen vier Frauen zwölf Söhne hatte. Als Josef zur Welt kam, war er nicht einfach nur das elfte Kind, sondern auch das erste Kind von Rahel, Jakobs Lieblingsfrau.

In der Bibel steht, dass Jakob Josef mehr liebte als dessen Brüder. Als Josef siebzehn war, schenkte sein Vater ihm ein besonders prächtiges Gewand. Für seine älteren Brüder, die sich eh schon zurückgesetzt fühlten, war das eine Kriegserklärung. Die Brüder bekamen die bittere Realität zu spüren, dass Josef Jakobs Lieblingssohn von seiner Lieblingsfrau war. Und so brach der lebenslange Schmerz einer zerrütteten Familie schließlich aus ihnen heraus, und sie verkauften Josef an eine Karawane von Sklavenhändlern, die nach Ägypten zog. Die Brüder gingen nach Hause und brachten ihrem Vater Josefs wunderschönen Mantel, den sie in Ziegenblut getaucht hatten. Ihr Vater glaubte, sein Lieblingssohn sei von einem wilden Tier getötet worden, und war untröstlich in seiner Trauer.

Aus seiner Familie herausgerissen, von seinen Brüdern verraten und als Sklave verkauft, kam Josef zu einem ägyptischen Hofbeamten namens Potifar. Das nenne ich mal eine Umleitung! Aber dann nahm die Geschichte eine lebensverändernde Wendung.

In 1. Mose 39 lesen wir etwas Erstaunliches: „Der Herr half Josef: Ihm glückte alles, was er unternahm“ (Vers 2). Potifar sah, dass seinem neuen Sklaven alles gelang, was er anpackte, und er belohnte Josef, indem er ihm immer mehr Verantwortung übertrug.

Josef stieg im Hause Potifars so weit auf, dass ihm Potifar die Verwaltung seines gesamten Besitzes übertrug. Die Bibel schreibt diesen Aufstieg dem Segen Gottes zu, der auf Josef lag. Sind Ihnen die vier Worte aufgefallen, die am Anfang dieses Abschnitts standen? „Der Herr half Josef.“ Etwas in uns möchte dagegen protestieren. „Nein, hat er nicht! Wenn Gott Josef wirklich geholfen hätte, dann wäre er jetzt wieder zu Hause bei seinem Vater und würde nicht als Sklave in Ägypten leben." Diese Realität wühlt uns auf. Oft schenkt uns Gott seinen Segen an einem Ort, den wir uns nicht ausgesucht haben. Er segnet uns, während wir auf der Umleitung unterwegs sind. Er segnet uns im Land zwischen Aufbruch und Ankunft. Und oft ist der Ort, an dem er uns segnet, kein Ort, an dem wir gern sind.

In dieser Geschichte über Josefs Erfolg in Potifars Haus gibt es zwei Arten von Treue: Gottes Treue auf Josefs Umweg sollte uns zutiefst berühren. Aber auch Josefs Treue auf seiner Umleitung sollte uns ins Auge fallen. Denken Sie daran, dass man aus den Erfahrungen, die man im Land zwischen Aufbruch und Ankunft macht, verändert hervorgeht und dass es an uns liegt, *wie* die Veränderung bei uns aussieht. Es liegt an uns, wie es uns auf dieser Umleitung ergeht. Wir können unsere Herzen verschließen wie die Israeliten oder unsere Herzen Gott öffnen wie Mose. Josef entschloss sich, auf seiner Umleitung mit Gott zusammenzuarbeiten. Mitten in Schmerz, Verrat und Heimweh öffnete Josef sein Herz für Gottes Segen.

Beachten Sie, dass sich Gottes Treue nicht in einer Rettungsaktion zeigt, mit der er Josef von seinem Umweg zurückholt. Josef ist noch sehr, sehr lange auf dieser Umleitung unterwegs. Er wird in Ägypten sterben, und eine seiner letzten Bitten auf dem Sterbebett ist, dass seine Nachfahren seine Gebeine nach Kanaan bringen und dort begraben. Gott ist auf der Umleitung treu und hilft ihm hindurch, aber er führt Josef nicht auf den ursprünglichen Weg zurück.

Und was ist, wenn Gott auch auf unserer Umleitung mitgehen und treu sein will? Was ist, wenn er Sie seine Gegenwart und seine Kraft an dem Ort spüren lässt, an dem Sie am allerwenigsten sein wollen – in der Wüste? Wir können dagegen protestieren. „Hier will ich Gottes Segen nicht erleben! Ich will Gottes Segen dort erleben! In Ägypten will ich Gottes Segen nicht. Ich will Gottes Segen in Kanaan erleben. Bei Potifar will ich keinen Erfolg haben. Ich will bei Jakob Erfolg haben." Aber unsere Sehnsüchte, so groß sie auch sein mögen, werden die Realität nicht ändern. Manchmal haben wir keine Wahl. Werden wir unser Herz dann trotzdem für Gott öffnen? Werden wir ihn und seinen Segen in unser Leben lassen, auch wenn unser Leben anders aussieht, als wir uns das wünschen?

Obwohl er einer Umleitung folgen muss, ist Josef mit ganzem Einsatz bei der Sache. Er arbeitet sehr gewissenhaft für Potifar. Er stürzt sich ganz in seine Aufgabe hinein, obwohl er sich offensichtlich nach seiner Heimat sehnt. Ich kann mir lebhaft vorstellen, dass für ihn die Versuchung groß war, beleidigt die Arme zu verschränken, als er in Potifars Haus geführt wurde. „Ich bin nicht dein Sklave. Ich bin der Lieblingssohn eines reichen Nomaden in Kanaan. Für dich mache ich keinen Finger krumm. Ich gehöre nicht hierher!"

Aber davon ist in der Geschichte keine Rede. Josef diente Potifar und arbeitete hart. Das ist beeindruckend, denn wenn wir das Land zwischen Aufbruch und Ankunft durchqueren, kann es sehr leicht passieren, dass wir mit den Gedanken abschweifen, abschalten und nicht bei der Sache sind. Wenn wir an einem Ort sind, an dem wir eigentlich nicht sein wollen, ist es nicht leicht, ganz *da* zu sein und sich an die Arbeit zu machen.

Ich bin kein Fan von abgedroschenen Sprüchen, aber oft ist etwas Wahres dran. „Blühe, wo du gepflanzt bist" ist so ein alter Spruch. Aber er stimmt. Wir müssen dort blühen, wo wir gepflanzt sind, weil wir nun einmal dort sind – zumindest im Moment. Wir können Wochen und Monate damit verschwenden, uns zu wünschen, wir wären woanders oder jemand anderes. Und während uns diese kostbare Zeit zwischen den Fingern zerrinnt, verpassen wir das Wunder, einfach wir selbst zu sein. Wir verpassen den Segen Gottes, der uns in dieser Wüstenzeit gebrauchen will. Und wir verpassen die Gelegenheit, mit Gott zusammenzuarbeiten, während er uns verändern will. Als das Volk Israel in der Wüste feststeckte, verschloss es sich Gottes Korrektur. Die Menschen sträubten sich gegen das, was er in ihrem Leben tun wollte, und verpassten so die Chance, sich von Gott positiv verändern zu lassen.

In Übergangszeiten treu bleiben

Weil er an seinem Vertrauen auf Gott festhielt, war Josef im Hause Potifars erfolgreich. Im Verlauf der Geschichte schien Josef alles zu haben: Gottes Segen, gutes Aussehen, Begabung – und die Zuneigung der Frau seines Chefs. Eines Tages warf Frau Potifar nämlich ein Auge auf Josef. Er wies jedoch ihre Annäherungsversuche zurück, was wirklich bewundernswert ist – ein weiterer Ausdruck seiner Treue. „Mein Herr hat mir in seinem Haus alles anvertraut. Ich habe zu allem Zugang – außer zu dir. Wie könnte ich mich an meinem Herrn versündigen und ihm seine Frau wegnehmen?"

Weil sie über seine wiederholte Zurückweisung verärgert war, beschuldigte Potifars Frau Josef, er habe versucht, sie zu vergewaltigen, woraufhin er im Gefängnis landete. Was könnte noch schlimmer sein, als Sklave in Ägypten zu sein? Als Sklave in Ägypten im Gefängnis zu sitzen. „Aber *der Herr war auf Josefs Seite* und sorgte dafür, dass der Gefängnisverwalter ihm wohlgesinnt war. Josef wurde zum Aufseher über die Gefangenen ernannt; er war nun verantwortlich für alles, was im Gefängnis geschah. Der Verwalter brauchte sich um nichts mehr zu kümmern. Er vertraute Josef völlig, weil er sah, *dass der Herr ihm half* und ihm Erfolg schenkte" (1. Mose 39,21–23; Hervorhebungen des Autors).

„Der Herr war auf Josefs Seite." Haben Sie das gelesen? Der Gefängnisverwalter übertrug Josef immer mehr Verantwortung, bis er quasi das Gefängnis leitete. Und wieder waren sowohl Gott als auch Josef treu. Obwohl er im Gefängnis saß, nahm Josef Gottes Segen mit geöffneten Händen entgegen. Er verschloss sich während seines Aufenthalts im Land zwischen Aufbruch und Ankunft Gott nicht. Und Gott wiederum befreite Josef nicht sofort aus dem Gefängnis, sondern schien ihn vielmehr im Gefängnis zu retten.

Dies macht deutlich, dass unsere Treue Gott gegenüber in schwierigen Zeiten das Ergebnis unseres Vertrauens ist. Wenn wir Gott nicht vertrauen, warum sollten wir ihm dann treu sein, wenn wir eine Umleitung in Kauf nehmen müssen und unser Leben schwierig wird? Aber wenn wir uns entschließen, Gott zu vertrauen, wenn wir darauf vertrauen, dass er uns sieht, uns kennt und uns liebt, und wenn wir glauben, dass er in unserem Leben wirkt, um seinen guten Plan für uns und unsere Veränderung zu verwirklichen, dann *wollen* wir ihm treu sein. Dann *wollen* wir mit ihm zusammenarbeiten.

In dieser Situation kommt uns das geistliche Fundament zugute, das wir durch schrittweises Wachstum gelegt haben. Wenn wir Gott bereits vertrauen, wenn wir das Land zwischen Aufbruch und Ankunft betreten, wenn wir schon wissen, was es heißt, ihm treu zu sein, dann können wir auf dieser Grundlage aufbauen und ihm treu bleiben, ihm vertrauen und mit einer offenen Haltung durch diese Wüstenzeit gehen.

Ich möchte Ihnen Mut machen: Auch wenn Sie gerade auf einer solchen Umleitung unterwegs sind und merken, dass Sie dieses geistliche Fundament *nicht* besitzen, muss das nicht bedeuten, dass Sie zum Scheitern verurteilt sind. Gott kann dieses Fundament auch dann noch legen, wenn Sie sich im Land zwischen Aufbruch und Ankunft befinden. Öffnen Sie ihm Ihr Herz. Seien Sie ehrlich zu ihm. Was auch immer Sie tun, bleiben Sie mit ihm im Gespräch. Er geht mit Ihnen. Er sieht Sie. Und er will in Ihrem Leben lebensveränderndes Wachstum schaffen.

Machen wir in unserer Geschichte einen Sprung nach vorne. Josef ist nun kein 17-jähriger Junge mehr, sondern 39, verheiratet und hat zwei Söhne. Er wurde aus dem Gefängnis entlassen und hat mittlerweile eines der höchsten Ämter in der Regierung Ägyptens inne. Während einer schrecklichen Hungersnot übernimmt er die Verteilung der Getreidevorräte. Alles an ihm wirkt ägyptisch – die Kleidung, die Frisur, das Make-up – und er spricht die Landessprache perfekt. Als zehn seiner Brüder aus Kanaan anreisen, um Getreide zu kaufen, erkennt er sie sofort wieder, sie ihn aber nicht. Die schrecklichen Ereignisse sind immerhin schon 22 Jahre her! Vor ihm stehen die Männer, die sein Leben ruiniert haben, und jetzt folgt entweder die große Rache oder die größte Versöhnungsgeschichte, die uns je untergekommen ist.

In einer sehr bewegenden Szene gibt sich Josef seinen verblüfften Brüdern zu erkennen und versichert ihnen, dass er sich für das Leid, das sie ihm zugefügt haben, nicht rächen will. Er erkennt, dass er durch sein Regierungsamt in der Lage ist, seine Familie während dieser großen Hungersnot mit Nahrung zu versorgen. Und Josef erkennt, dass Gott hinter diesem „Lebensumweg" am Werk war, damit seine Familie überleben kann. Was Josef jetzt tut, zeigt, wie tiefgehend die Veränderungen sein können, die die Umleitungen durch das Land zwischen Aufbruch und Ankunft bewirken können.

Später erklärt Josef seinen Brüdern die Situation mit folgenden bemerkenswerten Worten: „‚Ihr wolltet mir Böses tun, aber Gott hat Gutes daraus entstehen lassen. Durch meine hohe Stellung konnte ich vielen Menschen das Leben retten. Ihr braucht also nichts zu befürchten. Ich werde für euch und eure Familien sorgen.' So beruhigte Josef seine Brüder, und sie vertrauten ihm" (1. Mose 50,20–21).

Sehen Sie nur, wie sanftmütig Josef geworden ist. Er beruhigt seine Brüder, spricht freundlich mit ihnen und sagt: „Habt keine Angst! ... Ihr wolltet mir Böses tun, aber Gott hat Gutes daraus entstehen lassen." Das sagt ein Mann, der in all seinem Schmerz mit Gott zusammengearbeitet hat und dadurch verändert wurde. Durch Josefs hohe Position in Ägypten bekommt seine ganze Sippe während dieser schweren Hungersnot Nahrung. Durch Josef kann die Familie überleben. Die Verheißung Gottes für Abraham erstreckt sich jetzt schon auf die vierte Generation. Josefs Umweg und sein Aufenthalt im Land zwischen Aufbruch und Ankunft waren nicht umsonst.

Gereift und heil

Als die Israeliten Ägypten den Rücken kehrten und in die Wüste zogen, trugen sie etwas bei sich. Sie erfüllten Josefs letzten Wunsch, in Kanaan beerdigt zu werden, und brachten seine Gebeine aus dem Land der Sklaverei hinaus – aus dem Land, in dem er selbst einst Sklave gewesen war. Die Israeliten kannten Josefs Geschichte, genauso wie sie Abrahams Geschichte kannten. Sie wussten, dass der Gott ihrer Väter auf dem Weg der Erlösung oft große Schwierigkeiten zulässt und oft schweres Leid benutzt, um die Geschichte einer Rettung zu schreiben. Dieses Wissen stand den Israeliten theoretisch zur Verfügung, aber wieder einmal schien es in Vergessenheit geraten zu sein. Zumindest wandten sie es nicht an. Uns geht es doch oft genauso, oder nicht? Es ist eine Sache, zu erkennen, dass Gott durch die Schwierigkeiten im Leben eines anderen etwas Positives bewirken will, aber eine ganz andere, selbst darauf zu vertrauen, dass er auch in unserem Leben etwas verändern will.

Wenn wir es zulassen, kann das Land zwischen Aufbruch und Ankunft fruchtbaren Boden für lebensveränderndes Wachstum bieten. Wir haben gesehen, wie nachsichtig Josef durch seine leidvollen Erfahrungen geworden war. Nicht selten hört man von denen, die solche Umwege durchgemacht haben, ähnliche Bekenntnisse: „Unser geistliches Leben lief auf Sparflamme, bis unser ganzes Leben auf den Kopf gestellt wurde. Da waren wir gezwungen, zu beten, wie wir noch nie zuvor gebetet hatten. Als wir diese Sache erlebt haben, mussten wir uns auf Gott verlassen, wie wir es uns nie hätten vorstellen können. In dieser schweren Zeit bekamen die Worte ‚Vertrauen', ‚Glaube' und ‚Gebet' eine ganz neue Bedeutung. Gott begegnete uns in diesem Umbruch, und das hat uns für immer verändert."

Solche Geständnisse sind wirklich bewegend, aber wir wissen auch, dass sie ihren Preis haben. Die Weisheit und Charakterstärke eines Josef bekommt man normalerweise nicht, indem man ein gutes Buch liest. Diese Art von Charakter muss geformt werden. Lebensveränderndes Wachstum braucht Bewährungsproben, Kämpfe, Druck, Hitze – all die Dinge, durch die unser Glaube geprüft wird. Erinnern Sie sich noch, was Jakobus im Neuen Testament schrieb? Wenn der Glaube bewährt ist, bewirkt das Geduld, und Geduld bewirkt Veränderung. Jakobus schreibt weiter: „Bis zuletzt sollt ihr so unerschütterlich festbleiben, damit ihr in jeder Beziehung zu reifen Christen werdet und niemand euch etwas vorwerfen kann oder etwas an euch zu bemängeln hat" (Jakobus 1,4). Wenn Jakobus hier von reifen Christen spricht, meint er damit eine geistliche Reife, die wir nur erreichen, wenn wir Gott in schweren Zeiten vertrauen. Er sagt damit, dass Prüfungen und Bewährungsproben uns verändern sollen. Aufenthalte im Land zwischen Aufbruch und Ankunft sollen uns verändern, damit wir zu reifen Christen werden.

Aber dieses Wachstum geschieht nicht ohne unser Mitwirken. Es hängt von unseren Entscheidungen ab, ob Umbrüche unseren Glauben stärken oder ihn zerstören. Bleiben unsere Herzen offen für Gott? Werden wir ihm vertrauen? Nehmen wir unsere Prüfungen an, so wie Josef? Werden wir treu sein? Arbeiten wir mit Gott zusammen, damit er uns verändern kann? Es liegt ganz an uns.

Die Frucht, die wir uns am meisten wünschen

Vor sieben Jahren schien Bens Leben perfekt zu sein. Finanziell gesehen war er ein sehr erfolgreicher Bauunternehmer und Makler, der mehrere Dutzend Angestellte und sehr gute Geschäftsperspektiven hatte. Er hatte ein weitläufiges Haus in einem wohlhabenden Viertel und satte, stetig wachsende Rücklagen für den Ruhestand. Ben und seine Frau Carla engagierten sich in ihrer Gemeinde und arbeiteten ehrenamtlich in der Jugendarbeit mit. Ben war außerdem noch im Vorstand einer örtlichen Rettungsgesellschaft. Weil sie glaubten, dass Gott ihnen diesen Wohlstand geschenkt hatte, betrachteten sie es als besonderes Vorrecht, ihrerseits wieder zu geben, indem sie bereit waren, sich überall zu engagieren, wo es nötig war.

Aber dann war Ben plötzlich mit seiner Beziehung zu Gott nicht mehr ganz zufrieden. Er sehnte sich danach, dass sein Glaube tiefer werden und Gott sich ihm zeigen möge, wie er wirklich war, und nicht, wie Ben sich ihn vorstellte. Er wollte Gott besser kennenlernen und eine engere Beziehung zu ihm haben. Etwa zu dieser Zeit begannen auch die wirtschaftlichen Probleme in den Vereinigten Staaten. Der Immobilienmarkt brach ein und es blieben immer mehr Mietzahlungen aus. Ben kam mit den Zahlungen seinerseits immer mehr ins Hintertreffen und musste nach und nach seine Vermögenswerte plündern, um nicht unterzugehen. Er nahm eine Hypothek auf sein Haus auf, das beinahe abbezahlt war, löste seine Rücklagen für den Ruhestand auf, verkaufte, was er hatte, und überzog sein Konto, um Rechnungen zu bezahlen. Er tat alles, was irgendwie möglich war, um diese Krise zu überstehen, die sicher nicht lange dauern würde.

Aber die finanzielle Krise ging nicht vorüber. Schon bald gab es nichts mehr, was er noch zu Geld machen konnte, und er war mit seinen Zahlungen immer noch im Rückstand, nur jetzt noch mehr. Es kamen zunächst weniger Arbeitsaufträge herein, bis schließlich gar keine mehr kamen. Als er immer mehr verlor, tröstete er sich: „Wenigstens habe ich meine Rücklagen für den Ruhestand noch." Nachdem er auch die verloren hatte: „Wenigstens bleibt mir die Firma erhalten." Und nachdem er auch die nicht mehr besaß: „Wenigstens bekomme ich noch Kredit." Schließlich erhielt er auch den nicht mehr.

Ben und Carla hatten alles verloren.

In dieser Zeit des wirtschaftlichen Abstiegs lernte Ben, bei allem, was geschah, Gott zu suchen. Er suchte ihn in den Wirren des finanziellen Zusammenbruchs. Mehrmals in der Woche nahm er seine Bibel und ging in den Wald, ganz gleich, wie das Wetter war. Ben war wegen seiner erdrückenden Lebensumstände oft ausgesprochen wütend. Dann rang er dort mit Gott, rief sich Verheißungen aus der Bibel ins Gedächtnis und forderte von Gott, dass er sie in Einklang bringen solle mit seiner zermürbenden Situation. (Für mich klingt das sehr nach Moses verzweifeltem Gebet.)

Oft ging Ben auch in den Wald und wusste, dass Gott ihm dort Frieden schenken würde. Dann protestierte er: „Ich will deinen blöden Frieden nicht. Ich will eine Lösung für meine Probleme!" Und dann schenkte Gott ihm Frieden und Ben ging mit neuer Kraft nach Hause. Er lernte, den Dialog mit Gott und seine Nähe zu suchen. Er lernte, dass Gott kein Problem damit hatte, wenn er mal wieder einen Wutausbruch bekam und seiner Verwirrung und seinen Fragen Luft machte.

Ben durchlief die Schule des Vertrauens – das Land zwischen Aufbruch und Ankunft – und entwickelte sich durch seine verzweifelte Situation weiter. Seine Gottesbeziehung vertiefte sich. Ich glaube, Ben war auch vor dieser Zeit schon ein reifer Christ. Aber jetzt lernte er Gott auf eine Art und Weise kennen, wie er ihn noch nie zuvor gekannt hatte. Ben hat eine ganz neue Nähe zu Gott, ein stilles Vertrauen in ihn und eine Abhängigkeit von Gott erreicht. Er hat das Land zwischen Aufbruch und Ankunft durchquert, hat sein Herz Gott geöffnet und wurde dadurch drastisch verändert. Gott führt uns oft an den Ort, den wir am meisten zu vermeiden versuchen, um in uns die Frucht hervorzubringen, die wir uns am meisten wünschen.

Der Segen, der uns im Land zwischen Aufbruch und Ankunft erwartet

Ein ehrgeiziger Sportler unterzieht sich einem harten Trainingsprogramm, um sein volles Potenzial zu entfalten. Was auf den Läufer, den Ringer oder den Turner zutrifft, trifft auch auf den Nachfolger Jesu zu. Drastisches Wachstum erfordert harten Einsatz. Denken Sie daran, wenn Sie sich auf einem Umweg befinden, der Sie wahnsinnig macht. Denken Sie daran, dass Gott in allen Dingen am Werk ist und dass er Sie formen und verändern möchte. Widerstehen Sie der Versuchung, abzuschweifen, abzuschalten oder Ihre Beziehung zu ihm schleifen zu lassen. Leid hat dann einen Sinn, wenn wir während der Prüfung unser Herz für Gott öffnen. Gott will etwas Wunderbares, Tiefgreifendes und Dauerhaftes in uns hervorbringen, wenn wir mit ihm zusammenarbeiten und es zulassen. Nur dann kann diese schwere Zeit die gewünschte Veränderung in uns bewirken. Fahren Sie die Umleitung nicht umsonst. Sie trainieren für etwas und Gott hat einen guten Plan.

Im Land zwischen Aufbruch und Ankunft kann das Klima so rau sein, dass man gar nicht neutral bleiben kann. Die Umstände ziehen uns entweder zu Gott hin oder sie treiben uns von ihm weg. Das Land zwischen Aufbruch und Ankunft ist zwar der ideale Ort für lebensveränderndes Wachstum, aber es kann auch der Ort sein, an dem unser Glaube verdorrt und abstirbt. Versuchen Sie, nicht ständig darüber zu klagen. Murren ist tödlich für das Vertrauen, das Gott in uns hervorbringen möchte. Denken Sie auf Ihrem Weg durch das Land zwischen Aufbruch und Ankunft daran, dass Gott sich vor allem Ihr Vertrauen wünscht. Er wird Ihnen immer wieder die gleiche Frage stellen, die er schon Abraham, Josef und Mose gestellt hat: „Vertraust du mir?“ Mitten in der ausgedorrten Wüste möchte Gott eine Beziehung des Vertrauens aufbauen.

Vergessen Sie nicht, dass Gott Sie liebt. Denken Sie daran, dass nichts Sie von seiner Liebe trennen kann. Er sieht, er weiß und er sorgt sich um Sie. Schütten Sie ihm Ihr Herz aus, wenn Sie erschöpft und müde sind. Seine Schultern sind breit genug, um Ihre Unsicherheit und Ihre Frustration auszuhalten. Wenden Sie sich an Gott und erzählen Sie ihm frei heraus von Ihrem Schmerz und Ihrer Enttäuschung. Er will es wirklich hören, und er kann alles verkraften, was Sie ihm erzählen. Aber wenden Sie sich voller Vertrauen und Hoffnung an ihn, und glauben Sie daran, dass er bei Ihnen ist, dass er weise ist und dass er Sie verändern möchte. Vertrauen Sie darauf, dass Gott für Sie sorgt. Öffnen Sie in der Zeit der Not Ihre Hände, damit er sie füllen und Sie segnen kann. Er sorgt gerne für Sie. Es spiegelt sein großzügiges, freigebiges Wesen wider.

Wenn Sie auf Ihrem Weg durch das Land zwischen Aufbruch und Ankunft Gottes strafende Hand erleben, dann vertrauen Sie darauf, dass er nur etwas retten will. Liebende Eltern strafen ihre Kinder hin und wieder und Gottes Strafen sind ein Ausdruck seiner gnädigen Liebe.

Wenn wir uns in dem Land zwischen Aufbruch und Ankunft befinden, können wir ein bemerkenswertes Phänomen feststellen: Wir entwickeln einen tiefen Glauben, der es uns erlaubt, uns von unserer besten Seite zu zeigen, wenn sich das Leben von seiner schlechtesten Seite präsentiert. Aus dieser

Zeit der tiefen Enttäuschung, des Chaos, der Verunsicherung und des lähmenden Schmerzes gehen wir mit einem Glauben hervor, für den es sich zu leben lohnt. Wir lernen, dass die Zeit im Land zwischen Aufbruch und Ankunft eine Reise des Vertrauens ist und dass dort etwas wächst, das nirgends sonst wachsen kann. Wir stellen fest, dass an dem Ort, den wir am meisten vermeiden wollen, das wächst, was wir uns am sehnlichsten wünschen.

Das Land zwischen Aufbruch und Ankunft bietet fruchtbaren Boden. Herzlich willkommen im Land zwischen Aufbruch und Ankunft.

Rückblick

Im Sommer nach meinem ersten Jahr auf der Highschool zogen wir nach Sacramento. Es war das zweite Mal in zwei Jahren, dass wir ans andere Ende der Vereinigten Staaten zogen. Ich war verbittert, weil ich schon wieder aus allem herausgerissen wurde, wo ich doch gerade das Gefühl gehabt hatte, mich in Michigan eingelebt zu haben. Jetzt würde alles wieder von vorne anfangen: neue Schule, neue Gemeinde und keine Freunde. Auch wenn mir das damals nicht bewusst war, so barg dieser Wechsel auch eine Chance: Ich konnte ganz von vorn anfangen.

In Sacramento gewann Gott mein Herz ganz neu. Wenn ich heute auf dieses zweite Jahr auf der Highschool zurückblicke, so war es eine der richtungsweisendsten Phasen in meinem Leben. An meiner neuen Schule hatte ich einen gläubigen Fußballtrainer, der mich auf eine Weise begleitete, die ihm vielleicht selbst nicht bewusst war. Die Gemeinde, in die wir gingen, hatte eine der besten Jugendgruppen in der Region. Die lockere Einstellung der Menschen in Sacramento war nach der statusbewussten Stadt, aus der wir kamen, geradezu erholsam.

Im Spätsommer, nachdem wir nach Kalifornien gezogen waren, fuhr unsere Jugendgruppe auf eine Wochenendfreizeit an den Lake Tahoe. Eines Abends, als es schon spät war, saßen wir in einem kleinen Rondell, und einer der Mitarbeiter schlug die Bibel auf und erinnerte uns daran, dass es Zeiten in unserem Leben geben würde, in denen wir uns entscheiden mussten, wem wir nachfolgen wollten. Wir würden an Wegkreuzungen kommen, an denen wir uns für einen Weg entscheiden mussten. Ich war in einem neuen Bundesstaat, an einer neuen Schule und in einer neuen Gemeinde und fand neue Freunde. Es war genau der richtige Augenblick, um die Richtung zu wechseln. Ich saß in der Dunkelheit, lauschte aufmerksam und versprach Gott, ihm zu folgen. Ich war erst 15, aber heute habe ich das Gefühl, dass die Chance, die dieser schwierige Umzug mit sich brachte, mich auf eine lebensverändernde Bahn brachte. Der Umzug nach Kalifornien, gegen den ich mich so sehr gesträubt hatte, bereitete den Boden für das, was ich so dringend brauchte.

Verzögerungen beim Bau

Mit den heutigen Erfahrungen blicke ich auch auf die zähen, unbeholfenen Anfänge der *Ada Bible Church* zurück. Manchmal denke ich über die drei Jahre nach, um die sich unser Bauprojekt verzögert hat und in denen die Gemeinde auf die Hälfte der Mitglieder geschrumpft ist, bevor es uns endlich gelang, das Projekt in Angriff zu nehmen und wieder zu wachsen. Ich will nicht behaupten, dass ich wirklich weiß, weshalb Gott in seiner Weisheit diese schmerzhafte Zeit des Wartens zugelassen hat. Aber ich habe so eine Ahnung, was diese Zeit der wiederholten, demütigenden Verzögerungen bewirkt hat. Unser Charakter als Gemeinde – und sei es als schrumpfende Gemeinde – wurde geformt. Gott hat etwas in uns hineingepflanzt, das ich nur schwer benennen kann, aber es hat etwas mit Ausdauer und Beständigkeit zu tun. Wir wurden zu Menschen, die keine Angst mehr vor Herausforderungen hatten. Wir wussten, wie sich Schwierigkeiten anfühlen, und konnten uns durch schwere Zeiten hindurchkämpfen. In Zukunft sollte es noch so viele herausfordernde Situationen geben, dass ich glaube, Gott wollte in uns etwas säen, das wir später brauchen sollten. Man braucht nicht viel Fantasie, um sich vorzustellen, dass diese schwere Zeit half, unseren Charakter zu formen. Es war ein Geschenk, wenn auch eines, das wir damals nicht als solches erkennen konnten.

Abgesehen von dem, was es der Gemeinde gebracht hat, bin ich sicher, dass ich ganz persönlich ein bisschen Demut nötig hatte. Ich kenne die dunklen Schatten, die in den hintersten Winkeln meines Herzens lauern, sehr wohl. Ich glaube, ich kann mit ziemlicher Sicherheit sagen, dass ich unerträglich arrogant geworden wäre, wenn wir das Bauprojekt im ersten Anlauf erfolgreich durchgezogen und stark gewachsen wären. Da bin ich mir ziemlich sicher. Wäre das Bauprojekt auf Anhieb ein Erfolg gewesen, wäre ich gerade 24 gewesen, wenn wir in unser neues Gebäude gezogen wären. Ich wage gar nicht, mir vorzustellen, wie überheblich ich gewesen wäre, wenn wir damals so schnell gewachsen wären. Es gibt viele demütige Menschen, die damit umgehen können, wenn sie schon in jungen Jahren so erfolgreich sind, aber ich bin mir ziemlich sicher, dass ich nicht dazu gehöre. Als wir drei Jahre und unzählige Enttäuschungen später endlich unser neues Gebäude bezogen, hatte Gott mir viel von meinem Stolz ausgetrieben. Jetzt war ich in einer viel besseren Ausgangsposition, um Menschen mit Gnade und Demut zu leiten. Rückblickend danke ich Jesus für diese schwierigen Verzögerungen. Sie haben vielen Menschen viel Leid erspart – auch mir.

Das Trampolin

Vor fünfzehn Jahren bin ich mit meinem Sohn Alex einmal im Garten auf einem Trampolin herumgesprungen. Mein damals fünfjähriger Sohn fing an, mich auszufragen: „Wie hast du Mama kennengelernt?" Ich erklärte ihm, dass ich seine Mutter in Kalifornien kennengelernt hatte, als wir noch in der Highschool waren; wir gingen damals beide in die Jugendgruppe unserer Gemeinde.

„War das, bevor oder nachdem deine Mama gestorben ist?", wollte er weiter wissen. Ich erzählte ihm, dass meine Mutter starb, als ich in der siebten Klasse war und in Idaho lebte.

„Wie bist du denn dann nach Kalifornien gekommen?", erkundigte er sich, während wir weiterhüpften. Ich erklärte ihm, dass meine Familie nach dem Tod meiner Mutter nach Michigan gezogen war, wo sein Großvater eine andere Frau heiratete, nämlich seine Oma Carolyn. Dann zogen wir nach Kalifornien und dort hatte ich seine Mama kennengelernt.

Wir hüpften weiter, während wir uns unterhielten. Ich sah,

wie er versuchte, die Puzzleteile in seinem Kopf zusammenzufügen.

„Wenn deine Mama nicht gestorben wäre, wärt ihr nicht nach Michigan und dann nach Kalifornien gezogen." Ich nickte zustimmend. „Wenn du nicht nach Kalifornien gezogen wärst", fuhr er fort, „dann hättest du Mama nicht kennengelernt." Ich ahnte, worauf er hinauswollte. „Wenn deine Mama nicht gestorben wäre, dann wärst du also jetzt nicht hier", stellte er von seiner eigenen Entdeckung beeindruckt fest.

Das erklärt zwar bei Weitem noch nicht das Mysterium des Leidens, aber mein fünfjähriger Sohn hatte hier wirklich etwas entdeckt: Die tragischen Ereignisse in unserer Familie lösten andere Ereignisse aus, die wiederum unwiderruflich neue Dinge in Bewegung setzten. Ich habe mich schon so manches Mal gefragt, ob ich wohl in dieser wunderbaren Gemeinde arbeiten würde, an diesem Ort, den ich so liebe, wenn ich ohne diese Umleitung über Michigan und Kalifornien meinen Schulabschluss in Idaho gemacht hätte. Ganz sicher hätte ich nicht diese Kinder, die ich so liebe. Wen auch immer ich dann geheiratet hätte, es wäre nicht die Mutter dieser Kinder gewesen, die seit über 25 Jahren mein Leben und die Arbeit in der *Ada Bible Church* mit mir teilt. Kurz gesagt, ich wäre nicht ich – jedenfalls nicht die Person, die ich jetzt bin –, und ich hänge nun mal ziemlich an der Person, die ich geworden bin. Meist will ich gar niemand anderes sein.

Ich wünsche meinen Freunden nicht, dass ihnen etwas Schlimmes zustößt, und wenn ich einen guten Tag habe, wünsche ich das nicht einmal meinen Feinden. Aber ich bin zutiefst davon überzeugt, dass Gott die tragischen Ereignisse in unserer Familie mit all ihren schwierigen Umbrüchen, die daraus folgten, gebraucht hat, um aus mir den Menschen zu machen, der ich jetzt bin. Das ist vielleicht der Vorteil, wenn man Heilung erfahren hat und zurückschauen kann. Immerhin sehe ich die Dinge heute mit den Augen eines Mittvierzigers und nicht mehr mit denen eines trauernden Siebtklässlers. Und die Zeit hat wirklich die Wunden geheilt. Hin und wieder denke ich an den Verlust zurück, aber er kommt mir nicht mehr wie eine schwere Last vor, die ich täglich tragen muss.

Gott war gnädig. Uns ist etwas Schreckliches passiert, aber Gott hat uns in unserem Leid nicht alleingelassen. Ich weiß, dass man das im Rückblick leicht sagen kann. Ich hoffe sehr, dass ich Gott auch dann noch vertrauen kann, falls wieder einmal großes Unglück über uns hereinbricht. Und ich hoffe, dass Gottes Gnade in der Vergangenheit meinen Glauben in der Zukunft stärken wird.

Danksagung

Meine tiefe Dankbarkeit gilt der *Ada Bible Church*, in der ich die Predigten über das Land zwischen Aufbruch und Ankunft zuerst gehalten habe. Und hört mit offenen Herzen zu, und es ist eine Freude, bei euch zu predigen.

Sie gilt auch meiner Frau Chris, die mich während des gesamten Projekts ermutigt hat. Ich danke ebenfalls meinen Eltern Dick und Carolyn Manion. Gott hat mit unserer Familie eine großartige Geschichte geschrieben.

Meine große Anerkennung gilt Brent und Sonia, Doug und Beth, Julie und Chris und Kim dafür, dass sie bereit waren, ihre Geschichte zu erzählen. Eure Treue in allen Anfechtungen ist mir ein großes Vorbild und eine Inspiration.

Ich bin Angela Scheff zutiefst dankbar, dass sie an dieses Projekt geglaubt und mich beim Schreiben begleitet hat. Meinen Dank möchte ich auch Jim Ruark und Stacy Mattingly für ihre redaktionelle Unterstützung aussprechen sowie Lori VandenBosch, die die Fragen zum Nachdenken erstellt hat. Mein Dank gilt auch den anderen Mitgliedern des *Zondervan*-Teams, deren harte Arbeit und Hingabe dieses Buch erst möglich gemacht haben.

Fragen zum Nachdenken

Kapitel 1: Ich hab's satt

1. Wie würden Sie das „Land zwischen Aufbruch und Ankunft" beschreiben?
2. Erzählen Sie von einer solchen Wüstenzeit, die Sie erlebt haben (oder vielleicht gerade erleben). Wie ist es dazu gekommen? Sind Sie noch auf dem Weg durch dieses unwirtliche Land?
3. Warum hat Gott sein Volk so lange in die Wüste geführt?
4. Oft schauen wir auf die Israeliten herab, weil sie so viel gemurrt haben. Was hatten Sie satt, als Sie das Land zwischen Aufbruch und Ankunft durchqueren mussten?
5. In welchen Situationen haben Sie sich schon über Gottes (scheinbar mangelnde) Fürsorge beschwert? Waren Sie dabei schon einmal verbittert?

Kapitel 2: Wiederholungstäter

1. Nicht nur das, was wir durchmachen, prägt uns, sondern auch unsere Reaktion darauf. Wie reagieren Sie gewöhnlich, wenn Sie etwas Schweres durchmachen müssen?

2. Beschreiben Sie die drei lebensbedrohlichen Situationen, in denen sich die Israeliten befanden. Wie haben sie auf diese Situationen reagiert?
3. Was wollte Gott durch diese Krisensituationen bei den Israeliten bewirken?
4. Inwiefern bestimmen unsere Reaktionen auf Herausforderungen und Prüfungen, was aus uns wird?

Kapitel 3: Der Weg des Vertrauens

1. Was ist das eigentliche Wunder an der Geschichte von Julie und Chris?
2. Nennen Sie drei Dinge, bei denen Abraham gezeigt hat, dass er Gott vertraut.
3. Inwiefern hätte Abrahams Geschichte den Israeliten in ihrer traumatischen Wüstenerfahrung ein Wegweiser sein können?
4. Wie hat Gott Ihnen in der Vergangenheit seine Treue gezeigt? Inwiefern ermutigt Sie das, zukünftig in schwierigen Situationen mit Vertrauen und Gehorsam zu reagieren?
5. Denken Sie noch einmal darüber nach, wie Sie normalerweise auf Schwierigkeiten reagieren. Reagieren Sie gewöhnlich eher negativ, zum Beispiel mit Jammern, Zorn, Niedergeschlagenheit, Shoppingtouren, Alkohol oder übermäßigem Essen? Wenn ja, wie können Sie dieses Verhaltensmuster ändern?

Kapitel 4: Entmutigt

1. Gab es einmal eine Zeit, in der Sie kurz vor einem Zusammenbruch standen? Wie haben Sie angesichts dieser Entmutigung reagiert?
2. Wie reagierte Mose, als er kurz vor dem Zusammenbruch stand?
3. Beschreiben Sie Moses Gebet. Welche Bilder gebraucht er?

Kapitel 5: In guter Gesellschaft

1. Beschreiben Sie den Zusammenbruch von Elia und Jeremia.
2. Inwiefern sind ihre verzweifelten Gebete eher ein Zeichen geistlicher Gesundheit als geistlicher Unzulänglichkeiten?
3. Was können wir aus ihren Gebeten über den Umgang mit Schmerz und Schwierigkeiten lernen?
4. Was war Gottes liebevolle Antwort auf Elias Zusammenbruch?
5. Haben Sie schon einmal Gottes liebevolle Fürsorge erlebt, als Sie am Boden waren?

Kapitel 6: Die Kunst, um Hilfe zu rufen

1. Warum sollten wir Gott um Hilfe bitten, wenn wir in Not sind?

2. Beschreiben Sie einige der verzweifelten Situationen, vor denen David sich zu unterschiedlichen Zeiten seines Lebens befand.
3. Zählen Sie einige der Bilder und Begriffe auf, die David in den Psalmen gebraucht, um seine Gefühle und Sehnsüchte zu beschreiben. Nehmen Sie besonders die Psalmen 13, 40, 55 und 69 unter die Lupe.
4. Inwiefern können die Psalmen uns dabei helfen, in verzweifelten Situationen unsere eigenen Gebete zu formulieren?
5. Verfassen Sie Ihren eigenen Psalm, in dem Sie sowohl Ihre gegenwärtigen Probleme beschreiben (Ihre Umstände und wie es Ihnen damit geht) als auch Ihr festes Vertrauen auf den Gott, der für Sie sorgen wird.

Kapitel 7: Nicht mehr alleine

1. Wie reagiert Gott auf Moses Aufschrei, dass die Verantwortung für das Volk zu viel für ihn war?
2. Wie sollten wir reagieren, wenn wir uns schwach und bedürftig fühlen?
3. Auf welche Art könnte Gott für unsere Bedürfnisse sorgen?
4. Wie haben Sie selbst Gottes Fürsorge schon in großen wie in kleinen Dingen erlebt? Welche Auswirkung hatte seine Antwort auf Ihre Beziehung zu Gott?

Kapitel 8: Der Gott, der uns sieht

1. Manchmal lässt Gott es zu, dass wir mit Problemen konfrontiert werden – körperlicher, seelischer, geistlicher oder materieller Natur oder eine Beziehung betreffend. Mit welcher Schwierigkeit sind Sie im Moment konfrontiert?
2. Formulieren Sie Gottes Antwort an Mose aus dem brennenden Busch so um, dass sie auf Ihre gegenwärtigen Bedürfnisse passt. Setzen Sie die passenden Worte ein: „Ich habe sehr wohl gesehen, dass ______________________ ______________________. Ich habe dich gehört. Und dass du ______________________ berührt mich."
3. Wie haben Abraham und Sara ihr Vertrauen in Gott aufs Spiel gesetzt? Hatten Sie das Warten schon einmal satt und haben dann die Sache selbst in die Hand genommen? Was kam dabei heraus?
4. Wie hat Gott sich Hagar gezeigt? Welchen Namen hat Hagar Gott gegeben?

Kapitel 9: Das Herz des Vaters

1. Welches unglaubliche Versprechen gibt Gott Mose als Antwort auf die Forderung des Volkes nach Nahrung? Welche herausfordernde Frage stellt Gott Mose, als dieser mit Unglauben reagiert?
2. Warum hat Jesus uns gelehrt, jeden Tag für unser tägliches Brot zu bitten?

3. Was ist „theoretisches“ Wissen über Gott? Wo wurden in Ihrem Leben aus theoretischem Wissen über Gott schon persönliche Erfahrungen mit Gott?

Kapitel 10: Erziehungsmaßnahmen

1. Manchmal gebraucht Gott vielleicht auch eine Form von „positiven Strafen“, um etwas zu retten. Wo lässt Gott vielleicht gerade Schmerz zu, um Sie auf den richtigen Weg zu bringen?
2. Was geschah, als die Israeliten Fleisch forderten?
3. Was kann passieren, wenn wir verlangen, dass Gott auf unsere Gebete so antwortet, wie wir uns das vorstellen?
4. Wann haben Gottes erzieherische Maßnahmen Sie schon einmal auf eine spätere Situation vorbereitet?

Kapitel 11: Aus Fehlern lernen

1. Inwiefern kann uns die Geschichte über die Israeliten in der Wüste eine Warnung sein?
2. Was war das eigentliche Vergehen der Israeliten? Inwiefern ging es über das Nörgeln über Manna und Fleisch hinaus?
3. Die Israeliten sind „Wiederholungstäter“. Zählen Sie einige Beispiele für die wiederholte Nörgelei der Israeliten auf.
4. Wo laufen Sie Gefahr, den gleichen Fehler immer und immer wieder zu machen? Inwiefern hat dieser Fehler Ihnen

schon Schmerzen bereitet? Haben Sie beschlossen, aus dem Schmerz zu lernen und anders zu reagieren? Wie?

5. Leid soll unser Vertrauen auf Gott stärken. Aber im Falle der Israeliten führte das Leid nur zu verächtlichem Nörgeln. Wo lässt Gott gerade vielleicht Leid zu, um Ihr Vertrauen auf ihn zu stärken? Wie reagieren Sie darauf?

Kapitel 12: Heilsamer Schmerz

1. Inwiefern hilft uns das Beispiel des Fitnessstudios dabei, den Sinn von Schmerzen zu verstehen?
2. Was passiert am Höhepunkt der Geschichte, als die Israeliten kurz davor stehen, in das verheißene Land einzuziehen?
3. Welche Folgen hatte der Aufstand der Israeliten bei Kadesch-Barnea? Wie hat Gott versucht, diese Katastrophe zu verhindern?
4. Mussten Sie schon einmal jemanden bestrafen (ihm in gewisser Weise Schmerz verursachen), um späteres Leid zu verhindern? Wie lässt Gott möglicherweise in Ihrem Leben Schmerz zu, um Sie zu dem Menschen zu formen, der Sie einmal werden sollen?

Kapitel 13: Ernte in der Wüste

1. Inwiefern ist das Land zwischen Aufbruch und Ankunft der ideale Ort, um dort einen beständigen, lebensverändernden Glauben wachsen zu lassen?

2. Warum ist das Vertrauen auf Gott so lebenswichtig, damit die Israeliten ihre Bestimmung erfüllen können?
3. Wie versucht Gott, die Israeliten in ein freies Volk von treuen Gläubigen zu verwandeln?
4. Verstehen Sie, was Gott mit den leidvollen Erfahrungen in Ihrem Leben bezweckt? In welcher Weise können Sie mit ihm zusammenarbeiten, damit er das geistliche Wachstum bewirken kann, das Sie brauchen?

Kapitel 14: Schritt für Schritt wachsen

1. Welche geistlichen Gewohnheiten haben Sie sich angeeignet?
2. Wie können geistliche Gewohnheiten uns auf schwere Zeiten und Lektionen vorbereiten, die uns im Land zwischen Aufbruch und Ankunft erwarten?
3. Was ist schrittweises Wachstum? Ist es weniger wichtig als lebensveränderndes Wachstum?
4. Welche „Herzenshaltungen" entwickeln Sie? Wie können Sie dazu beitragen, dass Sie in schweren Prüfungen mit Vertrauen reagieren?

Kapitel 15: Lebensveränderndes Wachstum

1. Inwiefern hilft uns der Vergleich mit dem Training eines Athleten dabei, den Sinn und Zweck von Schmerz und zielgerichteter Anstrengung zu verstehen?

2. Was ist lebensveränderndes Wachstum? Was ist das letztendliche Ziel dieser Form des Wachstums? Geschieht es automatisch, wenn wir schwere Zeiten durchmachen? Warum oder warum nicht?
3. Nennen Sie einige der „Umleitungen“ in Josefs Leben. Wie hat er auf diese Schicksalsschläge reagiert? Was war die Folge?
4. Hat Gott Sie schon einmal an einem Ort gesegnet, an dem Sie eigentlich gar nicht sein wollten? Erzählen Sie davon. Welche Einstellung hatten Sie, bevor Sie Gottes Segen erlebt haben? Und danach?
5. Erzählen Sie, wie Sie in Wüstenzeiten bzw. in Zeiten des Umbruchs versucht haben, treu und vertrauensvoll zu bleiben und für Gottes Handeln offen zu sein.

Rückblick

1. Inwiefern haben Ihre Erfahrungen im Land zwischen Aufbruch und Ankunft dazu beigetragen, dass Sie der Mensch geworden sind, der Sie heute sind?

2. Schenkt Ihnen die Erfahrung, dass Gott in der Vergangenheit für Sie gesorgt hat, das Vertrauen, dass er das auch in Zukunft tun wird, wenn es schwierig wird? Inwiefern?